SCHRIFTENREIHE DER PETER-HACKS-GESELLSCHAFT

*Erste wissenschaftliche Tagung
der Peter-Hacks-Gesellschaft*

STAATS-KUNST

DER DRAMATIKER
PETER HACKS

AURORA VERLAG

Herausgegeben von Kai Köhler im Auftrag der Peter-Hacks-Gesellschaft e.V.

INHALT

PHILIPP DYCK
Vorwort 7

GUNTHER NICKEL
Kunst versus Politik. Peter Hacks' Lektüre von Goethes »Tasso« 11

KAI KÖHLER
Geschichte im Kunststaat.
Zu Hacks' »Margarete in Aix« 26

VOLKER RIEDEL
»Prexaspes« oder Hacks' heterodoxes Bekenntnis zum Sozialismus 40

HEIDI URBAHN DE JAUREGUI
Hacks oder die Mitte. Zum Staatsdenken von Peter Hacks 62

UTE BAUM
Der Maler des Königs 73

HANS-JOCHEN IRMER
»Der Glücksgott«, »Der Geldgott« und »Der Bischof von China« 81

RÜDIGER BERNHARDT
Peter Hacks und der Weltgeist.
Literarisches Thema und autobiographischer Anspruch 105

PHILIPP STEGLICH
Die Hacks-Rezeption nach 1990 131

BERNADETTE GRUBNER
Tagungsbericht 144

ANHANG 152

»Ach! die Republik, der Staat der Meisten,
Ist, bei aller Tugend, hochgebrechlich.
Dauernd kommen welche, die was leisten
Und daraus ein Vorrecht ziehn. Tatsächlich
Ist die Furcht, daß Könige entständen,
Nur in Monarchien abzuwenden.«

Nach dem Tod von Peter Hacks im August 2003 sind einige Orte und Institutionen entstanden, in denen man sich der Pflege seines Andenkens widmet. Verschiedentlich sind Künstler, Forscher, Enthusiasten in Erscheinung getreten, die sich engagiert mit seinen Werken, ästhetischen Auffassungen und politischen Meinungen auseinandergesetzt und auf diese Weise seine Wirkung befördert haben. Der 80. Geburtstag des Dichters am 21. März 2008 war Anlass, diese Aktivitäten zu verstärken, zahlreiche publizistische, editorische und künstlerische Vorhaben vorzustellen und überhaupt die öffentliche Aufmerksamkeit für Peter Hacks und sein Werk zu gewinnen. Da auch sein fünfter Todestag in dieses Jahr fiel und sich eine Reihe von Veranstaltungen um diese beiden Jahrestage konzentrierte, konnte mit Fug von einem »Peter-Hacks-Jahr« gesprochen werden. Manche Frucht dieser vielen gleichstrebenden Bemühungen wird man freilich erst jetzt im Folgejahr und später genießen können.

Im Umfeld des runden Geburtstages wurde auch die Peter-Hacks-Gesellschaft gegründet, deren Anliegen es ist, zur literarischen und wissenschaftlichen Bildung über Hacks beizutragen durch Herausgabe von Publikationen, Veranstaltungen, Tagungen, Anregung von Lesegruppen und Diskussionen, Förderung von Wissenschaftlern und Publizisten sowie durch die Unterstützung von Forschungsvorhaben und bestehenden und in Planung befindlichen Projekten, die der Verbreitung von Kenntnissen über Peter Hacks (Werk, Wirkung, Biographie, Nachlasspflege) dienen. Und da von einer Hacks-Forschung im eigentlichen Sinne die Rede noch nicht sein kann, obgleich mit einem wohlsortierten Nachlass im Deutschen Literaturarchiv in Marbach, mit der Werkausgabe letzter Hand sowie weiteren Schriften- und Briefausgaben archivalisch wie editorisch bereits gute Voraussetzungen für die literaturwissenschaftliche Beschäftigung gegeben sind, bezweckte die Hacks-Gesellschaft zunächst, eine erste Bestandsaufnahme der vorhandenen Arbeiten zu Hacks zu ermöglichen und jene meist noch relativ isoliert arbeitenden Wissenschaftler, die zu Hacks geforscht und gearbeitet hatten, zusammenzuführen und – wofern nötig – miteinander bekanntzumachen. Das ehrgeizigere Ziel war es, mit dieser Tagung eine regelmäßig stattfindende Veranstaltung ins Leben zu rufen, in der akademischer Austausch zu Hacks möglich ist und die ihrerseits Lehre und Forschung Impulse zu geben vermag.

Mit der Wahl des Themas für die Tagung im November 2008 wollte man in mehrerlei Hinsicht direkt ins Zentrum des Denkens und Schaffens von Hacks vordringen, ästhetische wie politische Fragen sollten gleichermaßen zum Gegenstand gemacht und die Gattung, in der der Dichter das meiste geleistet, in den Mittelpunkt gestellt werden: die Dramatik. So ist der Begriff »Staats-Kunst« zuerst im Hinblick auf Idee und Fabel mancher seiner Dramen zu verstehen, die Staaten im Auf- und Untergang, in Krisenzeiten, zum Schauplatz haben, Staatslenker und ihre Gegenspieler als *Dramatis Personae* aufweisen, zentrale Interessen der Handelnden als auf die Geschicke des Staats bezogene oder von ihnen bestimmte zeigen.

Der Begriff nimmt aber auch jene heute vielfach gebrauchte, auf das Hacks'sche Werk jedoch schon früher angewandte Konnotierung der DDR- als »Staats«-Kunst auf. Und es kommt Biographisches ins Spiel mit dem Umzug von Peter Hacks aus München nach Ostberlin 1955, der ja im Selbstverständnis des Dichters nicht einfach ein Wohnungswechsel, sondern die Entscheidung für einen bestimmten Staat und die dort herrschende Ordnung war. Hier sah er seine Vorstellungen von einer Gesellschaft verwirklicht, in der er mit den großen und wesentlichen Themen künstlerischer Produktion konfrontiert und gefordert war.

In den Blick genommen wurde mit der Themenwahl aber vor allem die viel umfassendere Frage nach dem Verständnis vom Staat und seiner Rolle in der Entwicklung der menschlichen Gesellschaft bei Hacks. Seine Auseinandersetzung mit der Funktion und historischen Rolle des Staates von der Antike bis zum Sozialismus als ein Konstituens seines theoretischen Denkens mündete in die Vorstellung vom Staatshumanismus, die Hacks bezeichnete als »die Meinung, Ziel der Geschichte sei Entfaltung der Einzelnen, und der Staat sei eben der richtige Hebel, die Entfaltung der Einzelnen massenhaft durchzusetzen«.

Mit dem vorliegenden Protokollband der ersten wissenschaftlichen Hacks-Tagung gibt es nun Ansätze zu einer differenzierten Analyse des Staatsverständnisses bei Hacks und dessen Widerspiegelung in seinen Dramen.

Die rege Beteiligung, die Aufmerksamkeit des Auditoriums bei den Vorträgen und die mit großer Publikumsresonanz am Abend des Konferenztages durchgeführte öffentliche Podiumsdiskussion im Literaturforum des Brecht-Hauses haben gezeigt, dass das Interesse an Peter Hacks bedeutend größer ist, als von manchem gelegentlich vermutet. Wir fühlen uns durch diesen Erfolg bestärkt, im Jahresrhythmus wissenschaftliche Tagungen zu Leben und Werk von Peter Hacks durchzuführen.

Zu danken ist den Referenten und Moderatoren sowie den Teilnehmern der Diskussionsrunde am Vorabend für ihr Engagement, den Freunden und Mitgliedern der Peter-Hacks-Gesellschaft für die inhaltliche und logistische Vorbereitung der Veranstaltung und schließlich den freundlichen, aber ungenannt bleiben wollenden Spendern für ihre großzügige Unterstützung sowohl der Abendveranstaltung wie der wissenschaftlichen Tagung.

Dr. Philipp Dyck   Vorsitzender der Peter-Hacks-Gesellschaft

GUNTHER NICKEL
Kunst versus Politik. Peter Hacks'
Lektüre von Goethes »Tasso«

Goethes »Torquato Tasso« ist ein Fünf-Personen-Stück, das im Wesentlichen von einem Konflikt zwischen dem Dichter Tasso und dem Politiker Antonio handelt. Tasso, der durch den Herzog erhebliche Wertschätzung erfährt, bietet dem darüber befremdeten Antonio »Herz und Hand« (V. 1200)[1] zur Freundschaft, mehr noch: »O nimm mich«, bittet er, »edler Mann, an deine Brust / Und weihe mich, den Raschen, Unerfahrnen, / Zum mäßigen Gebrauch des Lebens ein« (V. 1266–1270). Antonio hält Tassos Begehren für allzu übereilt: »In einem Augenblicke forderst du, / Was wohlbedächtig nur die Zeit gewährt« (V. 1269 f.). Diese Zurückweisung führt im Weiteren zu allerlei Händel, bei denen Tasso mehrfach gegen höfische Konventionen verstößt. Das Resultat ist eine Entzweiung zwischen ihm und dem Souverän, durch die niemand etwas gewinnt, sondern alle nur verlieren. Am Ende fragt sich, wer daran die Schuld trägt. Tasso? Antonio? Beide? Die Verhältnisse? Unter den Interpreten gibt es dazu drei verschiedene Ansichten, die ich zunächst rekapituliere.

I.

Es hat nicht an Versuchen gefehlt, die Figurenkonstellation des Stücks biographisch zu deuten: Mit Ferrara sei eigentlich Weimar gemeint, in Tasso spiegle sich Goethe selbst, die Prinzessin repräsentiere die Frau von Stein, der Herzog Alfons vertrete natürlich den Herzog Carl August, und in Leonore könne man ad libitum entweder Züge der Frau von Kalb oder ihrer Schwägerin Sophie von Schardt wiedererkennen. Nur die Frage, wer mit Antonio zu identifizieren sei, bereitet ein wenig Schwierigkeiten, die man zum Ausgangspunkt nehmen kann, die biographische Lesart zu modifizieren. Auch in Antonio steckten, wird dann etwa versichert, Züge von Goethe, und überhaupt sei es unabdingbar, nicht nur auf vordergründige biographische Parallelen zu achten. Stützen lässt sich eine solche Lesart durch eine Bemerkung Goethes gegenüber Eckermann. Sie lautet:

> »Das Gespräch wendete sich auf den Tasso, und welche *Idee* Goethe darin zur Anschauung zu bringen gesucht.
> ›*Idee*?[‹] sagte Goethe, – [›]daß ich nicht wüßte! Ich hatte das *Leben* Tassos, ich hatte mein eigenes Leben, und indem ich zwei so wunderliche Figuren mit ihren Eigenheiten zusammenwarf, entstand in mir das Bild des *Tasso*, dem ich als prosaischen Kontrast den *Antonio* entgegenstellte, wozu es mir auch nicht an Vorbildern fehlte. Die weiteren Hof-, Lebens- und Liebesverhältnisse waren übrigens in Weimar wie in Ferrara, und ich kann mit Recht von meiner Darstellung sagen: *sie ist Bein von meinem Bein und Fleisch von meinem Fleisch.*‹«²

Daher schreibt Nicholas Boyle im ersten Band seiner monumentalen Goethe-Biographie:

> »Obgleich es also keinem Zweifel unterliegen kann, daß Torquato Tasso Bein von Goethes Bein und Fleisch von seinem Fleisch ist, werden wir die Beziehung zwischen dem Tasso und Goethes persönlicher Entwicklung nur verzeichnen, wenn wir eine direkte und ausschließliche Gleichsetzung von Figuren des Stückes mit Personen in seinem Leben vornehmen. Wenn wir die Bedeutsamkeit des Stückes verstehen wollen, müssen wir zunächst einmal seine innere Struktur betrachten.«³

Dieses Verfahren läuft dann, zumindest bei Boyle, auf ein unentschiedenes Einerseits-Andrerseits hinaus:

> »Es ist für Goethes künstlerische Absicht ohne Zweifel wichtig, daß wir Tassos Verhalten als unvernünftig, sein Mißtrauen als übertrieben, seine Ansprüche als manchmal kindisch und sein

Selbstmitleid als manchmal unberechtigt ansehen. Aber es liegt genauso sehr in Goethes Plan, daß wir erkennen, welche Gründe der Hof Tasso für sein Mißtrauen gegeben hat, welchen Provokationen er den Dichter ausgesetzt hat, vor allem durch sein Unverständnis, ja seine Verachtung für das, was Tasso von primärer Wichtigkeit ist – das Wesen der Dichtung.«[4]

Einer solchen Deutung widersprechen die beiden anderen Lesarten des Stücks, die gegensätzlicher nicht sein könnten. Die eine stammt von Peter Stein und lag dessen legendärer Bremer »Tasso«-Inszenierung aus dem Jahr 1969 zugrunde. Die andere ist sechs Jahre jünger und stammt von Peter Hacks.

II.

Stein und sein Ensemble haben sich 1969 fast ganz auf die Seite Tassos geschlagen. Im Programmheft heißt es:

»Goethes ›Torquato Tasso‹ ist das Drama von dem überflüssigen (d.h. luxuriösen) Zuckerguß der Hohen Kunst, mit dem das unnötige Elend überzogen wird, um es genießbar zu machen. Hergestellt wird diese Konditorware von einem Produzenten, den man für freie Kost und Logis engagiert hat und dem in der konventionell formalisierten Feudalgesellschaft die Rolle des Emotionalclowns zufällt. Seine Spezialbegabung sichert dem Tasso die materielle Existenz – der Preis dafür ist in Anpassung zu entrichten. Anpassung an die verschleiernden Stilprinzipien der Hohen Kunst, die er mit seinem Werk – und Anpassung an das Bild des Künstlers, das er mit seinem Leben zu bedienen hat. Auch die den Produktionsprozeß begleitenden seelischen Exaltationen haben nämlich eine Funktion: in ihnen drücken sich von der höfischen Gesellschaft verbotene Wünsche und Triebe aus, die diese Gesellschaft mit einer Mischung aus Faszination und Abscheu beantwortet. Eine unmenschliche Ordnung schafft sich in der Rolle des wahnsinn-nahen Genies ein Ventil ins allzu Menschliche.«[5]

Tasso wird zwar nicht unkritisch gesehen, aber das, was an ihm zu kritisieren ist, vollständig als Resultat der Verhältnisse verstanden, in denen er lebt. Jene Verhältnisse aber, in denen Künstler arbeiten müssen, seien in der bürgerlichen Gesellschaft denen der höfischen ähnlich. Aus diesem Grund beabsichtigte Stein 1969 seine eigene gesellschaftliche Ohnmacht als Künstler, wenn er an ihr schon nichts ändern könne, mittels des Schauspiels »Tasso« auf der Bühne darzustellen. Davon hat sich Stein 14 Jahre später distanziert:

> »Für den Tasso […] habe ich einige grundlegende Behauptungen in den Boden des Stücks gerammt, dabei habe ich die Techniken der Montage weitestgehend auch bei diesem Stück von Goethe benutzt. Und ich habe die Eulenspiegeleien der Schauspieler in ihrer Behandlung des Textes nicht nur geduldet, ich habe sie ermutigt. Ich habe vor allem sehr darauf beharrt, daß die Umsetzung des Textes in Stimmen einem körperlichen Gebaren Raum gibt, das ballettreif ist – alles Dinge, die mir heute vollkommen lächerlich erscheinen. Ich habe diese Inszenierung gefilmt, ich kann sie mir wieder anschauen und ich sterbe vor Scham.«[6]

Diese Selbstkritik betrifft freilich nicht die Interpretation des Verhältnisses von Tasso und Antonio, im Gegenteil. Denn ließe man die schauspielerischen Mätzchen weg, die Stein euphemistisch Eulenspiegeleien nennt, gewönne Tassos Position nur noch mehr an Recht.

III.

Eine dritte Lesart stammt – wie gesagt – von Peter Hacks und ist eine Antwort auf eine Rezension des Kritikers Ernst Schumacher anlässlich der Inszenierung des »Tasso« durch Friedo Solter am Deutschen Theater Berlin im Jahr 1975 (P: 2. Oktober). Hacks bemerkt:

> »Ich schlage vor, für wahr zu halten, daß Goethe seinen Helden haßte. Aber, so ginge einzuwenden, der Tasso des Stücks hat unverkennbare Züge des Autors. Das ist richtig. Es sind eben die

Züge in Goethes Wesen, die Goethe an sich verabscheute und die zu überwinden ihn so viel Mühe gekostet hatte. [...]

Die dritte Lesart demnach wäre: der bestmögliche der Staaten leidet an einem begabten, aber krankhaft lebensuntauglichen Schriftsteller, der nichts im Kopf hat, als die Geduld seiner Mitmenschen bis zu ihrem Zerreißpunkt hin auszuproben.«[7]

»Antonio«, glaubt Hacks, »hat Goethes Billigung«, weil er »von den unappetitlichen Anmutungen eines Schwärmers, der zu fühlen glaubt, bloß weil er nicht verstanden hat, belästigt« werde. Genau so wie Antonio habe »Goethe sich der Anbiederungen eines Lenz oder Klinger erwehren müssen«. Ähnlich beurteilte 1790 schon Friedrich Nicolai den Titelhelden von Goethes Schauspiel, erkannte allerdings nicht auf eine planvolle Absicht Goethes, sondern auf eine Schwäche des Stücks:

»Taßo's Charakter scheint uns also weder interessant noch unterrichtend zu seyn. Nicht interessant; weil die hervorstechendste Seite desselben zurückstößt, alle Sympathie zerstört und selbst das Mitleiden unmöglich macht; weil er nicht blos lästig, sondern oft sehr lächerlich ist und weil es unmöglich ist, sich ernsthaft für einen Menschen zu interessieren, dessen größte Leiden aus Träumen bestehen, mit denen er seinen Kopf muthwilliger Weise zu erfüllen sucht [...]«[8]

Hacks' Aufsatz, der gleichsam die Nicolai'sche Kritik affirmativ wendet, wurde in der literaturwissenschaftlichen Auseinandersetzung mit Goethes »Tasso« – soweit ich sie überblicke – nicht zur Kenntnis genommen, obwohl seine Deutung im Kontext der bisherigen »Tasso«-Rezeption nicht nur originell und witzig ist, sondern man das Stück tatsächlich auch so interpretieren kann wie er. Natürlich ist seine Interpretation nur eine mögliche, keineswegs die allein mögliche, und sie geht auch nicht, wie zu zeigen sein wird, ohne Rest auf. Anders gesagt: Hacks, der Verächter des Regietheaters, betreibt hier mit den Mitteln des Essays selbst Regietheater.

Ein paar Gründe, die neben den von ihm selbst vorgetragenen für seine Deutung sprechen, seien zunächst noch ergänzt, dann aber auch einige Einwände formuliert, um schließlich Hacks' Sicht des Verhältnisses von Staat und Kunst grundsätzlich zu beleuchten. Das geschieht in zehn Schritten.

IV.

1. Bevor Goethe den »Tasso« schrieb, war er über ein Jahrzehnt Minister am Hof Carl Augusts von Sachsen-Weimar-Eisenach, hatte dann zwei Jahre in Italien verbracht. Der Widerstreit zwischen künstlerischen und politischen Neigungen war ihm wohlvertraut. Aber er hat nie der Vermengung des einen mit dem anderen das Wort geredet. In den Versen, mit denen er 1832 seinen Ratschlag »Für junge Dichter« in einem Beitrag für die Zeitschrift »Über Kunst und Altertum« schloss, steht ausdrücklich:

> »Jüngling, merke dir in Zeiten,
> Wo sich Geist und Sinn erhöht:
> Daß die Muse zu *begleiten*,
> Doch zu *leiten* nicht versteht.«[9]

Das spricht zugunsten der Hacks'schen Deutung.

2. In Goethes »Gesprächen mit Eckermann« heißt es unter dem Datum des 3. Mai 1827, er habe während seiner Italienreise »die Geschichte des Tasso ergriffen, um mich in Behandlung dieses angemessenen Stoffes von demjenigen freizumachen, was mir noch aus meinen weimarischen Eindrücken und Erinnerungen Schmerzliches und Lästiges anklebte«. Treffend nennt er daher auch Tasso einen »gesteigerten Werther«[10]. Was aber war mit dem Schmerzlichen und Lästigen gemeint? Die Mühsal des politischen Tagesgeschäfts? Die prekäre Entwicklung des Verhältnisses zu Frau von Stein, die Peter Hacks zum Gegenstand seines erfolgreichsten Theaterstücks gemacht hat? Oder jene »Eseley« des Schriftstellers Jakob Michael Reinhold Lenz, von der wir nicht viel mehr wissen, als dass sie den Herzog veranlasste, Lenz des Landes zu verweisen?[11] Diese letzte Interpretation des Eckermann-Notats würde erklären, warum Werther ins Spiel kommt, dessen Schwärmerei Goethe durchaus nicht

in billigender, sondern in ironisierender Absicht dargestellt hat. Das gilt, folgt man der Deutung Dirk Grathoffs, wenn nicht schon für die erste, so auf jeden Fall für die Fassung von 1787, die zwei Jahre vor Beendigung der Arbeit am »Tasso« abgeschlossen wurde.[12] Auch dieser Befund spricht zugunsten der Hacks'schen »Tasso«-Deutung.

3. In seinem Roman »Wilhelm Meisters Lehrjahre« zeigte Goethe, dass zur Ausbildung einer Persönlichkeit, die mehr als nur einen Krämerladen führen kann (wie im Roman Wilhelms Jugendfreund Werner), eine literarische Sozialisation mit allen zugehörigen Illusionen und Irrwegen höchst nützlich ist. Am Ende aber entschließt sich Wilhelm bezeichnenderweise, weder Schauspieler oder Theaterleiter noch Schriftsteller, sondern Arzt zu werden. Im »Tasso« wird der Stellenwert der Literatur dagegen nicht im Prozess der Entwicklung einer Persönlichkeit verhandelt, sondern in einen synchronen Konflikt zweier Personen aufgespalten. Konfrontiert werden dadurch zwei isolierte und individuierte Vermögen, nämlich a) das zur Kunst, b) das zur Politik. Sie bleiben im Schlussbild aufeinander verweisend, werden also, wenngleich mit Primat des Politischen, beide relativiert. Antonio tritt dort zu Tasso »und nimmt ihn«, wie die Regieanweisung verlangt, »bei der Hand«. Tasso erklärt daraufhin:

> »O edler Mann! Du stehest fest und still,
> Ich scheine nur die sturmbewegte Welle.
> Allein bedenk, und überhebe nicht
> Dich deiner Kraft! Die mächtige Natur,
> Die diesen Felsen gründete, hat auch
> Der Welle die Beweglichkeit gegeben.« (V. 3434–3439)

Es ist, wie Tasso am Ende bekräftigt, die gleiche Natur, die dem Vermögen zur Kunst wie dem Vermögen zur Politik zugrunde liegt, auch wenn Tasso am Ende als Schiffbrüchiger dasteht und sich am »Felsen Antonio«, der Ursache seines Unglücks, anklammern muss. Nimmt man Tasso in seiner Metaphorik beim Wort, dann repräsentiert Antonio für ihn versteinerte Naturgeschichte, die ihm antagonistisch entgegentritt. Obgleich Wasser mit der Zeit Steine höhlen kann, wie ein biblisches

Gleichnis lehrt, so ist Tassos Lebenszeit doch zweifellos zu kurz bemessen, um von solchen Effekten einen Nutzen ziehen zu können.

Der Schluss, in dem Tasso in emblematischer Einheit mit Antonio noch einmal das Trennende unterstreicht,[13] gestattet mehrere Deutungen. Man kann sich wechselweise (wie Peter Stein) auf die Seite Tassos schlagen oder (wie Peter Hacks) auf die Seite Antonios und bekommt dann jeweils alle Argumente an die Hand, die die eingenommene Position rechtfertigen. Doch der Konflikt ist am Ende des Stücks nicht gelöst, sondern weiterhin nur exponiert. Entsprechend las es schon Richard Wagner 1859 und befand in einem Brief an Mathilde Wesendonck: »Wer hat hier Recht? Wer Unrecht? Es sieht ein Jeder, wie er sieht, und nicht anders sehen kann.«[14] So verstanden, ergäbe sich als dramaturgische Aufgabe, den Antagonismus so stark wie irgend möglich zu machen und sich nicht wie Stein und Hacks für eine Seite zu entscheiden. In seiner Kritik daran, die Janusköpfigkeit von Goethes Schauspiel einseitig zugunsten Tassos zu negieren, hatte Hacks recht. Er hatte aber nicht recht darin, Antonio so weit aufzuwerten, dass Tasso ganz zum Antihelden wird.[15]

4. Wolfdietrich Rasch hat in einer eingehenden Analyse des Stücks überzeugend dargestellt, dass Antonio von Goethe als »gemischter Charakter« angelegt wurde. Er ist ein Mann von Verdiensten, er verhält sich aber gegenüber Tasso in hohem Grade undiplomatisch, denn er provoziert ihn unnötig auf das Ärgste. Doch ein »bösartiger Intrigant«, war Rasch überzeugt, »durfte Antonio nicht werden«, weil ihm »eine sehr bedeutsame andere Funktion im Drama« zukomme: »die eines gewichtigen, vollwertigen Gegenspielers, der die Wirklichkeitswelt repräsentiert und nicht etwa ihre schlechterdings minderwertigen, kleinlichen oder bösen Seiten«. Deswegen münde der zweite Akt auch nicht wie ein Intrigenstück mit dem Triumph eines Intriganten, »sondern dort steht Antonios aufrichtiges Schuldbekenntnis: ›Ich bin beschämt, und seh in deinen Worten, / Wie in dem klarsten Spiegel, meine Schuld!‹« (V. 1645 f.)[16]

Berücksichtigt man noch, dass Tasso, bedingt durch den über ihn verhängten Zimmerarrest, nun entscheidende Informationen zur Beurteilung der Situation vorenthalten bleiben, wird einsichtig, warum Guido Hiß als Thema der Fabel des Schauspiels nicht ein Charakterdrama mit einem »Kampf um Prinzipien« ausmacht, sondern das Scheitern von Kommunikation aufgrund eines »ungeheuren Aneinandervorbeiredens« bei keineswegs arglistigen Absichten.[17]

5. Eine Voraussetzung der Hacks'schen Parteinahme für Antonio ist die Einschätzung des gezeigten Staatswesens in Ferrara als vollkommen, als »die wünschenswerteste Wirklichkeit«. Dem widerspricht jedoch die Struktur des Stücks. Denn es endet nicht nur mit einem Schlussbild, das Tasso und Antonio Hand in Hand zeigt, ohne dass der Konflikt beseitigt wäre, es beginnt auch mit einem nur scheinbaren Einverständnis zweier Figuren, die nicht von ungefähr beide den identischen Vornamen tragen. Die Differenzen zwischen ihnen zeigen sich zunächst dadurch, dass die Prinzessin Leonore konsequent in der ersten Person Singular spricht, während Leonore Sanvitale ebenso konsequent die erste Person Plural bemüht, obwohl der Pluralis Majestatis eigentlich nur ihrem Gegenüber zustünde. Gerhard Neumann hat am Anfang seiner in der Sekundärliteratur erstaunlich selten herangezogenen Dissertation über Goethes »Tasso« gezeigt, wie feinsinnig der so markierte Gegensatz der beiden Figuren auch durch eine Reihe anderer Mittel dargestellt ist (etwa subtile Akzentverlagerungen bei der Verwendung derselben Worte und rhetorischen Figuren); immer handelt es sich, so Neumann, darum, »im Identischen […] Gegensätzliches zu verstecken«.[18] Goethe entfaltet so Schritt für Schritt eine von lauter Differenzen bestimmte Konfliktlage, die jedoch nirgends eine Auflösung erfährt. Die Dramatis Personae spiegeln sich dabei fortlaufend wechselseitig. Deshalb wird auch das Motiv des Spiegels bei Tassos erstem Auftritt akzentuiert (V. 532 f.) und auf »Das Rauschen dieser Brunnen« (V. 31), die den beiden Leonoren Brunnen des Schönen sind (oder zu sein scheinen), rückbezogen; deshalb bemüht Antonio in den bereits zitierten Versen vom Ende des zweiten Akts die Spiegel-Metapher. Verhandelt werden so Evokationen, die nur von einem bloß imaginierten Abglanz von Spiegelungen herrühren, also im wahrsten Sinne des Wortes scheinbar sind. »Scheinen« ist überhaupt die – schon im vierten Vers (»Du scheinst bedenklich, doch du scheinst vergnügt«) exponierte – leitmotivische Grundvokabel, und das mit ihr ins Schauspiel gebrachte Verhältnis von Schein und Sein korrespondiert mit dem im Stück verhandelten Verhältnis von Gegenwart und Vergangenheit bzw. Anwesenheit und Abwesenheit:

> »Leonore: Erwach! Erwach! Laß uns nicht empfinden
> Daß du das Gegenwärtige ganz verkennst
> Tasso: Es ist die Gegenwart die mich erhöht,
> Abwesend schein ich nur, ich bin entzückt.« (V. 558–561)

Die Struktur und den offenen Schluss des Stücks ignoriert Hacks. Für ihn bleibt Tassos Position schlechterdings indiskutabel, und mit den beiden Frauenrollen befasst er sich erst gar nicht. Daher stellt er auch nicht in Rechnung, was die in seinen Augen »wünschenswerteste Wirklichkeit« der dargestellten Staatsform neben den Differenzen zwischen Tasso und Antonio an Konfliktpotential bereithält, weil die Figuren die Standesunterschiede als etwas behandeln, was sie nicht sind: als Natur.

6. Der anfangs nur unterschwellige Konflikt zwischen der Prinzessin und Leonore Sanvitale ist bezeichnenderweise in eine idyllische Szenerie platziert: Zwei lächelnde Leonoren befinden sich in ländlicher Umgebung und vertreiben sich müßig die Zeit. Das Trügerische dieser auf den ersten Blick friedfertigen Szenerie kommt jedoch sogleich in Leonores Bemerkung »Wir scheinen recht beglückte Schäferinnen« (V. 7) zum Ausdruck. In der Tat: Sie scheinen Schäferinnen zu sein, sie sind aber keine. Und was vom Konzept einer literarischen Evokation idyllischer Zustände zu halten ist, spricht die Prinzessin wenig später im Dialog mit Tasso in aller Deutlichkeit aus:

> »Die goldne Zeit, womit der Dichter uns
> Zu schmeicheln pflegt, die schöne Zeit, sie war,
> So scheint es mir, so wenig als sie ist,« (V. 998 ff.)

Die Feststellung »sie war«, die nach einem Enjambement zunächst durch das »So scheint es mir« relativiert und erst dann entschieden verneint wird, erfährt nun zwar nochmals eine Wendung in ein wiederum eingeschränktes Gegenteil: »Und war sie je, so war sie nur gewiß, / Wie sie uns immer wieder werden kann« (V. 1001 f.). Unzweifelhaft bleibt dennoch, was die Prinzessin eingangs dieses Redebeitrags konstatiert: »Mein

Freund, die goldne Zeit ist wohl vorbei« (V. 995). Die vergesellschaftete Natur, die auch hier als Resultat von Naturgeschichte begriffen wird, unterwirft die Natur des Menschen Zwängen, und es besteht Tassos Problem eben darin, sich solchen Zwängen nicht fügen zu wollen: Er liebt die Prinzessin und will nicht wahrhaben, dass diese Liebe platonisch bleiben muss, weil die Prinzessin eine Prinzessin ist. Kann man ihm das wirklich verdenken?

7. Hacks war gegenüber Tassos Dilemma zweifellos nicht blind, aber dessen Probleme blieben für ihn akzidentell. Sie hatten hinter der Staatsräson zurückzustehen, weil der Staat in seinen Augen die Voraussetzungen garantiert, um überhaupt lieben zu können. Aus dieser Prämisse ergibt sich auch, wie Hacks das Verhältnis von Staat und Dichtkunst fasst, denn der Staat ist es auch, der Dichten allererst ermöglicht. Deshalb gebührt für ihn dem Staat gegenüber Partikularinteressen das uneingeschränkte Primat. Zwar liefern Staatsangelegenheiten zuweilen den Stoff für Dichter, aber für Hacks haben Dichter als Dichter in der Politik nichts zu suchen. Tassos Ansinnen ist indes eine Teilhabe am politischen Geschäft.

8. Hacks' Position zum Verhältnis von Staat und Kunst wird in seinem Tasso-Essay nicht explizit formuliert. Sie liegt ihm vielmehr zugrunde, findet in der uneingeschränkten Wertschätzung Antonios ihren Ausdruck und ist Ergebnis seiner Hinwendung zu einer postrevolutionären Dramaturgie.[19] In der DDR herrschten für Hacks Zustände, in der es nicht reaktionär war, nicht revolutionär zu sein, was im Umkehrschluss bedeutet: Eine in der DDR als revolutionär betriebene Kunst war für ihn reaktionär. Reaktionäre Kunst aber erlaubte es nicht, sie nur nach Maßgabe ihrer künstlerischen Qualität zu betrachten. Sie war für ihn ein unstatthafter Übergriff der Kunst ins politische Feld, der zwingend Sanktionen erforderte. Die Trennung von Kunst und Staat ging für Hacks aber noch weiter, was man schon daran ablesen kann, dass er nach dem Zusammenbruch der DDR, den er als Resultat einer Konterrevolution betrachtete, nicht zu einer revolutionären Kunstpraxis zurückkehrte. Ganz im Sinne des Weimarer Klassizismus war er überzeugt, dass die entscheiden-

den Fragen jeder künstlerischen Gestaltung mit Politik schlechterdings nichts zu tun haben und – wie er in seinem Essay »Schöne Wirtschaft« zeigt – auch nicht von der Entwicklung der Produktivkräfte affiziert werden. Im Gegensatz zur Vorstellung vom Autor als einem Produzenten, wie sie Walter Benjamin in Brechts Ästhetik ausmachte,[20] blieb für Hacks »Kunst [...] das Erzeugnis eines einzelnen Subjekts, das über bestimmte Fähigkeiten und über ein bestimmtes Ausdrucksbedürfnis verfügt, und andere Leute werden sie nie machen«[21]. Aus diesem Grund ist, wie an dieser Stelle nebenbei angemerkt sei, die große Wertschätzung von Hacks durch Dietmar Dath ein wenig seltsam. Denn Dath fordert von und lobt an den »modernen unwirklichen Popkünsten« ausdrücklich »ihre objektive Konsonanz mit dem Stand der Produktivkräfte«[22]. Dass sich eine solche Position mit dem Hacks'schen Klassizismus nicht im Entferntesten vereinbaren lässt, ist Dath zwar nicht entgangen,[23] was aber das Widerspruchsvolle an der von ihm mit großem Nachdruck bekundeten Hacks-Affinität nur umso auffälliger macht.

9. Zurück zu Hacks' Tasso-Interpretation: Indem er sich 1975 auf die Seite Antonios schlug, billigte er durch die Blume der Goethe-Deutung die damals massiven Beschränkungen der Kunstfreiheit. Folgt man den Aufzeichnungen von André Müller sen., dann verteidigte Hacks die von ihm selbst als »mäßig« eingeschätzte Tasso-Inszenierung Friedo Solters, weil ihr Regisseur »wenigstens soviel Anständigkeit« besessen habe, »nicht Peter Stein nachzuäffen«.[24] Die Kritik Ernst Schumachers bestätigt, dass Solter sich allem Anschein nach darum bemühte, die feudale Seite »so verständnisvoll«, »so mitfühlend«, »so menschlich« zu zeigen, dass sie »in ihrem Verhalten recht« bekommt.[25] Demgegenüber hielt Alexander Weigel in seiner Geschichte des Deutschen Theaters fest, Solters »Tasso« sei eine unmittelbare, kritische Reaktion auf das beim Verbot von Volker Brauns »Tinka« »offenbar gewordene Zwangsverhältnis zwischen Macht und Kunst« gewesen.[26] Für diese Einschätzung lässt sich reklamieren, dass Tassos Zimmer mit Goethes Juno-Kolossalbüste ausgestattet war, was einer einseitigen Parteinahme zugunsten Antonios widerspricht.[27] Anhand der mir zugänglichen Quellen ließ sich nicht entscheiden, welche dieser beiden divergierenden Sichtweisen Solters' Intentionen ent-

sprochen hat. Zur Bestimmung des Interpretationsspielraums, den diese Inszenierung im Kontext des damaligen kulturpolitischen Klimas ließ, sind jedoch die bei den Proben waltenden Absichten des Regisseurs ganz gleichgültig. In diesem Fall war das Deutungsspektrum genauso groß wie jenes, das Goethes »Tasso« selbst bietet.

10. Karl Marx hat in seiner Einleitung zu den »Grundrissen der Kritik der politischen Ökonomie« von der »Schwierigkeit« gesprochen, zu verstehen, warum »griechische Kunst und Epos [...] uns noch Kunstgenuß gewähren und in gewisser Beziehung als Norm und unerreichbare Muster gelten«, obwohl die »gesellschaftlichen Entwicklungsformen« sich radikal verändert hätten.[28] Diese Schwierigkeit rührt indes nur daher, dass für Marx die Maßstäbe künstlerischen Gelingens historisch invariant waren – eine Ansicht, die Hacks teilte. Tatsächlich zeigt die gegenwärtige Rezeption seines Werkes durch bürgerliche Schriftsteller und Literaturkritiker wie Martin Mosebach, Marcel Reich-Ranicki und Frank Schirrmacher, dass es nicht nur unabhängig vom Stand der Produktivkräfte, sondern auch unabhängig von einer Zustimmung oder Ablehnung seiner politischen Ansichten wertgeschätzt werden kann. Fragt sich nur, ob das schon beweist, die Annahme eines dualistischen Antagonismus von Kunst und Staat sei richtig, zumal dieser Antagonismus, den Hacks so kompromisslos wie Carl Schmitt[29] zugunsten des Staates zu entscheiden gewillt war,[30] seinem Werk auf eigentümlich schillernde Weise selbst eingeschrieben ist: Zum einen war er selbst Opfer von Zensur, zum anderen trieb er seine parabelhafte Kritik an der Politik Erich Honeckers nicht nur in seinem Stück »Jona« so weit, dass die Grenzen zur politischen Zeitkritik mehr als nur berührt waren.[31]

---

1   Johann Wolfgang Goethe: Torquato Tasso. In: Ders.: Sämtliche Werke, Briefe, Tagebücher und Gespräche. Hrsg. von Hendrik Birus, Dieter Borchmeyer u.a. Frankfurt am Main 1988, Abt. I, Bd. 5, S. 731–834. (Dem Zitat folgt in Klammern die Versangabe.)

2   Johann Peter Eckermann: Gespräche mit Goethe in den letzten Jahren seines Lebens. Hrsg. von Christoph Michel unter Mitwirkung von Hans Grüters. Frankfurt am Main 1999, S. 615 (Eintrag vom 6. Mai 1827).

3   Nicholas Boyle: Goethe. Der Dichter in seiner Zeit. Bd. 1: 1749–1790. 2., durchges. Aufl. München 1999, S. 713.
4   Ebenda, S. 722.
5   Peter Stein / Yaak Karsunke: Zum »Tasso«. In: Torquato Tasso. Regiebuch der Bremer Inszenierung. Frankfurt am Main 1970, S. 135.
6   Theater heute 4/1984. Zit. nach Roswitha Schieb: Peter Stein. Ein Portrait. Berlin 2005, S. 80.
7   Peter Hacks: Drei Blicke auf Tasso und ein schielender. In: Ders.: Werke, Bd. 13. Berlin 2003, S. 206–213, hier S. 208 f. (Zitate und Verweise im Folgenden abgekürzt als HW, mit arabischer Band- und Seitenzahl.)
8   Neue Bibliothek der schönen Wissenschaften und freien Künste, Jg. 41, 1790, 1. Stück, S. 62–104, 2. Stück, S. 253–275. Zit. nach: Christian Grawe: Johann Wolfgang Goethe. Torquato Tasso. Erläuterungen und Dokumente. Stuttgart 1981, S. 113 f.
9   Johann Wolfgang Goethes ästhetische Schriften 1824–1832. Hrsg. von Anne Bohnenkamp. Frankfurt am Main 1999, S. 566 (in den meisten Goethe-Ausgaben firmiert der Text unter der Überschrift »Wohlmeinende Erwiderung«).
10 Johann Peter Eckermann: Gespräche mit Goethe in den letzten Jahren seines Lebens, a.a.O., S. 615.
11 Vgl. Peter Hacks: Lenzens Eseley. In: HW 13/405–421.
12 Vgl. Dirk Grathoff: Der Pflug, die Nußbäume und der Bauernbursche. Natur im thematischen Gefüge des Werther-Romans. In: Goethe-Jahrbuch 102, 1985, S. 184–198.
13 Das wird auch bei einer Betrachtung der metrischen Verhältnisse in den Schlussversen deutlich, wie Jens Kruse gezeigt hat. Kruse konzentriert sich allerdings ganz auf das Trennende zwischen Tasso und Antonio und übergeht völlig die emblematische Einheit des Schlussbilds. Vgl. Die Innenwelt der Außenwelt der Innenwelt: Tassos Ende und kein Ende, in: Goethe-Yearbook 5, 1990, S. 103–120.
14 Richard Wagner an Mathilde Wesendonck: Tagebuchblätter und Briefe 1853–1871. 12. Aufl., Berlin 1904, S. 124 f.
15 Entsprechend die Einschätzung von Walter Hinderer: »Goethe selbst ergreift in dieser Auseinandersetzung keine Partei«. Vgl. Torquato Tasso. In: Ders. (Hrsg.): Goethes Dramen. Neue Interpretationen. Stuttgart 1980, S. 169–196, hier S. 175.
16 Wolfdietrich Rasch: Goethes »Torquato Tasso«. Die Tragödie des Dichters. Stuttgart 1954, S. 81–103, hier S. 90 und 93.
17 Guido Hiß: Der theatralische Blick. Einführung in die Aufführungsanalyse. Berlin 1993, S. 155–225. Vgl. auch Alexander Weiszflog: »Daß hier nichts so aufgenommen wird, wie es gemeint war, […] kommt bereits bei Tassos erstem Auftritt zum Ausdruck.« Vgl. Ders.: Zeiterfahrung und Sprachkunst. Goethes »Torquato Tasso« im Kontext der Ästhetik Schillers und Schlegels. Würzburg 1997, S. 71.
18 Gerhard Neumann: Konfigurationen. Studien zu Goethes »Torquato Tasso«. Inaugural-Dissertation zur Erlangung der Doktorwürde der Philosophischen Fakultät der Albert-Ludwigs-Universität zu Freiburg i. Br. Freiburg 1963, S. 22.

19 »Ansätze zu einer postrevolutionären Dramaturgie« lautete der Untertitel von Hacks' Aufsatzsammlung »Das Poetische«, die 1972 im Suhrkamp Verlag erschienen ist.
20 Vgl. Walter Benjamin: Der Autor als Produzent. In: Ders.: Gesammelte Schriften. Hrsg. von Rolf Tiedemann und Hermann Schweppenhäuser. Frankfurt am Main 1980, Bd. II.2, S. 683–701.
21 Peter Hacks im Gespräch mit Gerda Baumbach, Gottfried Fischborn und Rolf Rohmer. In: Gottfried Fischborn / Peter Hacks: Fröhliche Resignation. Interview, Briefe, Aufsätze, Texte. Berlin 2007, S. 34.
22 Dietmar Dath: Sie ist wach. Berlin 2003, S. 108.
23 Vgl. Dietmar Dath: Maschinenwinter. Wissen, Technik, Sozialismus. Eine Streitschrift. Frankfurt am Main 2008, S. 87.
24 Vgl. André Müller sen.: Gespräche mit Hacks 1963–2003. Berlin 2008, S. 135.
25 Ernst Schumacher: Nicht in das Zeitlose gerückt. Friedo Solters Inszenierung von Goethes »Tasso« im Deutschen Theater. In: Berliner Zeitung vom 8. Oktober 1975.
26 Alexander Weigel: Das Deutsche Theater. Eine Geschichte in Bildern. Berlin 1999, S. 267.
27 Vgl. die Photos in: 100 Jahre Deutsches Theater 1883–1983. Hrsg. von Michael Kuschnia. Berlin 1983, S. 403 und 429, hier vor allem S. 429 unten rechts.
28 Vgl. Karl Marx / Friedrich Engels: Werke, Bd. 42. Berlin 1983, S. 44 f.
29 Zu Parallelen im Etatismus von Hacks und Schmitt vgl. Hacks' Anmerkung in einem Brief an Kurt Gossweiler vom 28. August 2000: »Was das Recht auf den Ausnahmezustand betrifft, würde ich in keinem so starken Ton darauf schelten, daß Carl Schmitt ein Nazi war. Ich denke, was er sagt, stimmt; warum soll, was ein Nazi sagt, nicht stimmen?« In: Peter Hacks: Am Ende verstehen sie es. Politische Schriften 1988 bis 2003. Nebst dem Briefwechsel mit Kurt Gossweiler 1996 bis 2003. Hrsg. von André Thiele und Johannes Oehme. Berlin 2005, S. 158.
30 Das beweist seine öffentliche Zustimmung zur Ausbürgerung Wolf Biermanns, das beweist auch seine stasiaktenkundig gewordene Polemik gegen den literarischen »Tschechenklüngel«. Vgl. Joachim Walter: Sicherheitsbereich Literatur. Schriftsteller und Staatssicherheit in der Deutschen Demokratischen Republik. Berlin 1996, S. 87.
31 Vgl. Gunther Nickel: Rückkehr an die Bühnen Europas? Eine Fehlanzeige. In: Theater seit den 1990er Jahren. Der europäische Autorenboom im kulturpolitischen Kontext. Hrsg. von Friedemann Kreuder / Sabine Sörgel, unter Mitarbeit von Pamela Schäfer. Tübingen 2008, S. 279–291, hier: S. 286.

KAI KÖHLER

Geschichte im Kunststaat
Zu Hacks' »Margarete in Aix«

In »Margarete in Aix«, Peter Hacks' Komödie in fünf Aufzügen von 1966, geht es um Fragen des Staats und um Fragen der Kunst; fast könnte man meinen, sie wäre geschrieben worden, um auf einer Tagung mit dem Thema »Staats-Kunst« vorgestellt zu werden. Im ersten Drittel meines Beitrags werde ich das Stück als eines vorstellen, das von Politik handelt; im zweiten Drittel als eines, das von Kunst handelt. Beide Lesarten bergen Schwierigkeiten in sich, die im letzten Drittel des Aufsatzes aufgelöst werden sollen.

I. Staat

Zeit der Handlung ist das späte 15. Jahrhundert, Ort der Handlung fast durchgehend das Reich der Provence. Es regiert der gute König René, milde, kunstliebend und nach immerhin sechs verlorenen Schlachten, deren jede, wie er verrät, ihn eine Herrschaft kostete, jeglichem Krieg abgeneigt.[1] Hacks' Provence ist nur sehr bedingt ein Staat. Zwar treten ein Seneschall, Kronräte und auch Hofdamen auf, doch viel mehr scheint es nicht zu geben; vor allem keine Steuereinnahmen. Dafür gibt es hohe Ausgaben, insbesondere für die Kunst. Durch »Pacht, Brief und Verpfändung« (HW 4/17) ist die Provence an die mächtigen Nachbarreiche Frankreich und Burgund ausgeliefert.

Die einzige Existenzgrundlage der schwachen Provence ist das Machtgleichgewicht dieser beiden starken Nachbarn; würde die eine Seite eine Eroberung versuchen, so würde die andere intervenieren. Eine solche Lage kann, wie auch René weiß, nicht dauern:

»[…] Sicherheit
Ist niemals lang; was ruht, scheint bloß zu ruhen
Und schwebt im Tanz auf einem Für und Wider,
Und besser nicht soll Glück an Morgen denken.« (HW 4/17)

Es scheint dies also ein Geschichtsbild, dem zufolge das Bessere nicht geschichtsteleologisch in der Zukunft liegt, sondern im flüchtigen Genießen zu suchen ist.

Freilich hat René, was den künftigen Sieger angeht, eine Präferenz, und zwar eine ungewöhnliche. Glaubt man seinem Seneschall Croixbouc, so regieren in den Nachbarstaaten »der finstre Ludwig, König über Frankreich« und »Herzog Karl, Burgunds erprobter Fürst«. (HW 4/17) Entgegen dieser deutlichen Wertung aber zieht René den finstren Ludwig vor. Weshalb, das entwickelt er im Streit mit seiner Tochter Margarete, die als frühere englische Königin im Exil lebt und mit Hilfe Karls auf ihren Thron zurückkehren will. Karl ist für René ein »eisenfresserische[r] Dummkopf«, dem er seine Untertanen nicht ins »ritterliche Gestern nachzusenden« (HW 4/60) bereit ist. Ludwig dagegen, so hässlich seine Regierung wirkt, steht für eine wenn auch gefährdete Vernunft:

»Er kommt zur Macht, glaubt, das natürliche
Licht leucht in allen Köpfen. Er verordnet
Vernünftiges. Aufblühn soll das Gewerbe,
Das Wegnetz friedvoll sein, der Krieg vermieden.« (HW 4/60)

Allerdings stößt Ludwig damit auf die »Eigensucht der Großen, / Engstirnig, stolz, des Lands plagsame Fessel« (HW 4/60). In einer Lage zwischen dem Feudaladel, der seine Privilegien verteidigt, und einem noch unreifen Volk wirft sich Ludwig »mürrisch auf zum Richter über beide. / Da hört der Neffe, der an die Vernunft / Aller geglaubt, auf, an Vernunft zu glauben / Außer bei sich. Er setzt sich für Vernunft. […] So abgesondert aber wird Vernunft / Absonderlich, erscheint in Form der Krankheit« (HW 4/61).

Der Frühabsolutismus erscheint in dieser Rede Renés durchaus noch als problematisch, entsprechend den historisch beglaubigten Eigenheiten Ludwigs, von denen René hier das Sammeln von Reliquien und die Willkür auch gegenüber treuen Untergebenen anführt.² Der spätere Hacks wird Revolutionen von oben gegen den Willen der alten herrschenden Schicht wie auch gegen den eines Großteils der Bevölkerung nicht mehr als – im Wortsinne – absonderlich darstellen; am Ende erscheinen Stalin wie Ulbricht als Vorbilder, die der Staatsvernunft gegen Partialinteressen zur Geltung verhalfen. Doch unterscheidet sich René von dieser späteren Wertung nur in dem einen, dass er die Verluste, die die Kämpfe um das vernünftige Neue fordern, drastischer benennt. An der historischen Notwendigkeit des absolutistischen Kampfs gegen das feudale Unwesen hält er gleichwohl fest:

»Und glaub mir, Margarete, wollte ich
Auch nützlich sein und nicht, wie du mir vorwirfst,
Ein Staubfänger: ich lebte heute nicht,
Ein Schäfer unter Schäfern, auch mein Volk
Gedächte mein in Haß, und Käfige
Stünden in Aix. Begreifst du?« (HW 4/61)³

Die Passage verweist auf zwei Probleme. Das eine ist, dass Margarete nur eins begreift: dass ihr Vater nicht bereit ist, zugunsten ihres Kriegs so, wie Karl es für seine Unterstützung verlangt, diesem sofort die Provence zu überschreiben. Das Partialinteresse hindert sie daran, im Moment der Entscheidung den historischen Gehalt der Kämpfe, und damit eine mögliche Vernunft des Geschichtsverlaufs überhaupt, wahrzunehmen. Auf die Frage, ob sie denn zugehört habe, antwortet Margarete denn auch: »Nicht sonderlich.« (HW 4/61)

Mehr noch ist die Position des Sprechers unterminiert. René, der es unternimmt, den historischen Sinn zu formulieren, wird allein schon dadurch fragwürdig, dass er sich seiner Erkenntnis entgegen aus den Auseinandersetzungen heraushält und in seiner Provence ein prekäres Paradies auf Zeit – und auf Pump – einrichtet. Und schlimmer: Er unterschreibt für Margarete den gewünschten Verzicht auf Land und Thron allein aus Schwäche:

»Wenn ich das unterschreibe, weil du mich
So anwiderst, hast du dein Ziel mich an-

zuwidern, bis ich unterschreib, erreicht.
Und dieses Mittels Widerwärtigkeit
Widert mich so an, daß ich unterschreib.« (HW 4/62)

Und er überlässt ihr, nach einer kleinen unwürdigen Rauferei, das Papier, als sie ihn mangelnder Vaterliebe zeiht.

Am Ende der dritten Aufzugs scheinen René, die Provence, der Fortschritt am Ende. Moralisch ist der gute König vernichtet: Sein geliebter Enkel Vaudemont, dem Karl einige Herrschaften geraubt hat, muss nach dem von Margarete diktierten Vertrag ebenfalls auf alle Ansprüche verzichten – ohne dass er davon überhaupt nur unterrichtet würde. René lässt Vaudemont dennoch in einen, wie er nun meinen muss, aussichtslosen Kampf ziehen, ohne ihm vom eigenen Verrat zu berichten. »Gott segne dich und deine Pläne, Kind« (HW 4/66), lautet Renés Abschiedsgruß, bevor er sich wieder der Kunst zuwendet.

Die beiden Schlussakte bringen allerdings eine glückliche Lösung der scheinbar verfahrenen Situation. Der vierte Aufzug skizziert das Ende Karls: Vor der geplanten Invasion Englands will er nur eine kurze Strafexpedition gegen aufsässige Schweizer durchführen. Die Bürger allerdings besiegen nicht nur mit einer neuartigen Kampfweise sein Ritterheer, es gelingt ihnen auch, Karl zu töten. Im fünften Aufzug wechselt der Handlungsort zurück in die Provence: Margarete erhält die Nachricht von Karls Tod, die auch das Ende aller ihrer Hoffnungen bedeutet, die Herrschaft in England wiederzuerlangen; trotzig, um René ein Fest zu verderben, entschließt sie sich zu sterben. Ein französischer Gesandter enthüllt, dass Ludwig von den Plänen seiner Gegner erfahren und den Schweizer Aufstand finanziert hatte. Ludwig sichert René für dessen Lebzeit die weitere Finanzierung seines Musenhofs zu; danach soll die Provence an Frankreich fallen, wobei die überkommenen Privilegien für Bürger und Bauern garantiert bleiben.

So könnte man sagen, dass René seine Ziele erreicht hat; wenn nicht diese Formulierung implizieren würde, dass er überhaupt etwas für sie getan hat. Tatsächlich kann man fragen, wer überhaupt das Neue erkämpft und ob dies auf der Bühne sichtbar wird.[4] Jedenfalls sind die tatsächlich Beteiligten denkbar wenige. Vaudemont, der mit seinen antiquierten Vorstellungen vom Rittertum eine kleinere und erfolglosere Ausgabe Karls ist, reitet nur von einer seiner ehemaligen Burgen zur anderen, stets als der rechtmäßige Herr begrüßt und danach stets von den gleichen Vasallen vorsichtigerweise an Karl verraten. Bleibt sein Handeln wenigstens folgenlos, so schadet René in seiner Schwäche nur. Liest man die Komödie als Modell, wie sich ein Zeitenumbruch vollziehe und woran er sichtbar werde,[5] so wird zudem zum Problem, dass vom Neuen zwar die Rede ist, es aber als Neues nicht anschaulich wird. Die siegreichen Schweizer betreten kurz die Bühne: Sie sind zuerst dumm – erkennen nämlich nicht den Wert ihrer Beute – und prügeln sich dann gehässig und habgierig um sie – nachdem Vaudemont ihn ihnen erklärt hat. Sie sind entschlossen kunstfeindlich:

> »Mit feinen Herren haben wir Schluß gemacht
> Und mit dem feinen Wesen. Kehraus mit
> Turniere Stechen, griechisch Buchstabieren,
> Mit Minnesang, geziertem Saitenspiel […]« (HW 4/78)

Natürlich kann das Progressive zunächst in unerfreulicher Gestalt erscheinen; hier aber wird nicht sichtbar, was in all der Dummheit, Missgunst und Askese überhaupt das Progressive sein könnte. Das Problem betrifft auch Ludwig. Dass dessen Regierung einen Fortschritt bedeutete, kann man aus der Geschichte wissen und, trotz aller Einschränkungen, von René hören. Der Handlungsverlauf aber teilt dies nicht mit. Es mag, verglichen mit dem Ritter Karl, vernünftiger sein, sich Aufständische zu kaufen statt selbst Krieg zu führen; historisch neu ist es nicht. Allenfalls dass Ludwigs Wirtschaft offenbar genügend Gewinn abwirft, die Schweizer Bürger zu bezahlen und allmählich auch die Provence aufzukaufen, mag als sehr vermittelter handlungsimmanenter Hinweis auf die Überlegenheit des Frühabsolutismus durchgehen.

Ludwig wird wenigstens, anders als seine Handlungen, szenisch anschaulich. Er tritt in einem Prolog auf, wenn er auch dabei nur benennt und vorzeigt, wie hässlich und verachtet er ist. Wenn er sich trotz seines abstoßenden Äußeren als »der Komödie schöne Hauptperson« (HW 4/7) bezeichnet, so verweist der Sarkasmus zum einen auf den Grad seiner Verbitterung: Der das Notwendige tut, hat es aufgegeben, gemocht zu werden (während gerade dies Renés Ziel ist). Dass er die »Hauptperson« ist, gibt zum anderen den Zuschauern eine Interpretationshilfe.

Sie wäre freilich deutlicher, hätte nicht Hacks einen gegenläufigen Hinweis angebracht: Titelheldin ist immerhin die Vertreterin des Alten, Margarete. In den wenigen bisherigen Interpretationen des Stücks spielt sie allerdings kaum eine Rolle. Später wird noch zu fragen sein, inwieweit ihr hervorgehobener Status zur Interpretation beiträgt.

II. Kunst

Die Staatskomödie hat ihre Tücken, die Komödie über Kunst nicht minder. Dabei beginnt der erste Aufzug mit einem Lob auf die Macht der Kunst: »Auf dieser Bühne werde ich den vollkommensten Sieg erringen, der jemals von Kunst errungen worden.« Der Sprecher ist sich sicher: »Melodie wird zeigen, daß sie Störrischeres zu rühren vermag als Felsen: eine menschliche Seele.« (HW 4/8)

Der hier so selbstbewusst auftritt, ist Uc de Calezon, der eine von gleich zwei Trobadors, die René losgeschickt hat, um der düsteren Margarete aufzulauern und sie mit Liedern über die Liebe zu erheitern. Wie nicht anders zu erwarten, scheitert der Plan; René ist ein miserabler Psychologe. Wer böse sein will, dem ist mit Liebesliedern zuallerletzt beizukommen. Margarete will nach diesem Zusammentreffen zunächst ihre Kammer nicht mehr verlassen, um ähnlichen, aus ihrer Sicht liederlichen Anschlägen nicht länger ausgesetzt zu sein. René unternimmt einen zweiten Versuch, sie durch Kunst zu erheitern. Sie werde, wie er meint, wenigstens in die Kirche kommen – dort will er sie mit einem Schauspiel überrumpeln. Als Margarete indessen hört, dass es bei der Messe »prunkvoll« (HW 4/33) zugehen soll, will sie die Teilnahme verweigern; erst ihr Berater Oxford bewegt sie zum Kommen, denn er will ihr gerade vor den Augen der Öffentlichkeit unauffällig die Antwort Karls auf ihr Bündnisangebot überbringen – niemand erwartet, dass Geheimes bei einer solchen Gelegenheit besprochen wird.

Während sich das Spiel im Spiel vollzieht – eine Burleske über den biblischen König Salomo –, beobachtet René die Reaktionen Margaretes.

Er ist zufrieden: »Sie ist angeregt wie selten« (HW 4/50), stellt er fest, und: »Selten sah ich ihre Gesten so heftig und ihre Augen so glänzend.« (HW 4/51) Jehan d'Aigues-Mortes, der andere Trobador, pflichtet ihm bei: »Sie ist besessen von dem, was folgen wird. Was die Seele braucht und das Leben verweigert, Sire, Spannung, Kunst allein erzeugt sie.« (HW 4/51)

In der Tat ist in diesem Moment Margarete gespannt, aber durch das Leben: Gleich wird sie von Oxford die Bedingungen erfahren, die Karl für ein Bündnis stellt. Und als sie zugesteht, René zu entmachten, stellt dieser – der sie sehen, nicht aber hören kann – zufrieden fest: »Jetzt hat sie gelacht. Ihr Gesicht ist ganz weich, wir wollen fortfahren.« (HW 4/52)

Dieser einen Verkennung, der Kunst zuzuschreiben, was die Realität bewirkte, gesellt sich eine zweite zu. Die beiden Trobadors sind zum einen ironisiert dadurch, dass sie sich auf lächerliche Weise ihren Erfolg neiden, gleichzeitig aber gegenseitige Hochachtung heucheln. Doch müssen Künstler keine vorbildlichen Menschen sein, dieser Punkt wäre noch zu verkraften. Zum anderen aber erfand Hacks die paradoxe Konstruktion von Trobadors, die nicht selbst vortragen. »Für die bloß ausführende Seite der Sache haben wir hier Dienstleute«, erklärt Uc de Calezon. »Ich bin der Sänger, er singt.« (HW 4/13)

Dass die Spielleute der Trobadors zu singen haben, wird im zweiten Aufzug radikalisiert. Uc versucht, sich der verehrten Auriane, der Frau des Seneschalls Croixbouc, zu nähern. Ängstlich fragt er bei seinem Spielmann Bosin an, ob der Gatte auch fort ist, bevor er dem Helfer zu singen befiehlt. Doch ist, ohne dass er es weiß, schon sein anderer Spielmann Colin bei Auriane im Bett. Wenn Auriane seufzt, so ist das also wiederum nicht der Kunst, sondern dem Leben geschuldet, und ihre doppeldeutige Aufforderung: »erlauben Sie Ihrem Diener fortzufahren« (HW 4/41), wird von allen (außer von Colin) missverstanden – vor allem von Croixbouc, der eine Reise nur vorgetäuscht hat, der im Künstler den Ehebrecher zu finden meint und darüber die reale Bettgeschichte nicht wahrnimmt.

Das ist eine ironische Vertauschung: Croixbouc als Verächter der Kunst, der seinen finanzschwachen König René stets dazu bewegen möchte, die Künstler zu vertreiben, bleibt hier auf die Inszenierung des Trobadors fixiert – während sich ein Wirkliches vollzieht, dass beide nicht wahrnehmen. Im scheinbar harmonischen Schluss des fünften Aufzugs versöhnen sich die beiden. Croixbouc ist nun begeistert von seiner erotisierten Frau Auriane: »Die Glut Ihrer in Töne verwandelten Empfindungen endlich hat ihr jungfräuliches Eis zu Blut getaut, Ihre Melodien klingen von ihren Nerven, Sie, mein Wohltäter, haben sie lieben gelehrt.« (HW 4/92 f.)

»Möchte doch jeder diesen Auftritt vor Augen haben, der die Kunst für entbehrlich hält«, bemerkt dazu Uc (HW 4/93), der ebenfalls immer noch nicht weiß, dass er betrogen wurde. Auf der Handlungsebene führt Hacks nicht nur die Wirkungslosigkeit von Kunst vor, vielmehr zeigt er auch, dass das, was als ihre Wirkung interpretiert wird, auf der eitlen Selbsttäuschung der Interpreten beruht. Auch an zentraler Stelle, in den Schlussversen des dritten Aufzugs, als René meinen muss, Margarete den Sieg geschenkt zu haben, bringt er wieder Kunst ins Spiel: »Den Herren vorn bestell, es sei so weit / Für ein paar Scherze hätt ich wieder Zeit.« (HW 4/66) Das bezieht sich auf die durch Margaretes Auftritt unterbrochene Erörterung, ob dem hellen – einfachen – oder dem dunklen Stil der Vorzug zu geben sei. Dieser Streit wird nicht nur nicht entschieden; er wird sogar als Ablenkung vom Wesentlichen, von der Politik, herausgestellt. Und die Komplexität wird noch gesteigert dadurch, dass René als die Figur, die hinsichtlich der Bühnenwirkung die Zentralfigur darstellt, die Kunstdiskussion befiehlt und sie gleichzeitig als »ein paar Scherze« abwertet.

Kunst bildet Renés Schutzschirm gegen die Realität; das erkennt er zuweilen, zuweilen tappt er in die eigene Falle. Nirgends beeinflusst Kunst die Widerstrebenden. Die Liebeslieder der Trobadors entflammen keine Herzen, sondern sind nützlich, den getäuschten Ehemann vom Geschehen abzulenken. Den Staat befestigt Kunst nun gar nicht und kostet nur Geld – soll, könnte man nun sagen, von »Staatskunst« die Rede sein, so wäre kaum ein Stück weniger geeignet als »Margarete in Aix«. Die Wirkungsmacht der Kunst wird darin dementiert, und es wird auch nicht recht deutlich, auf welche Weise sich der neue Typus des Staats herausbildet. Doch kann man erproben, ob nicht die Kombination von Staat und Kunst weiterhilft.

III. Staatskunst / Kunststaat

»Ein wenig, weiß ich, gleicht die Kunst dem Leben«, meint Auriane zum König René, und dieser entgegnet: »Und meint es doch, indem sie ihm nicht gleicht.« Sie schwebe:

> »[...] in einem Reich, das es nicht gibt.
> [...]
> Doch wenn sie nieder will zum Boden steigen,
> Taucht sie in jenen Nebel ein, der Luft heißt,
> Und grauer wird ihr Kleid, ihr Leib verwandelt
> Zum Gröbern sich, nimmt an vom erdigen Stoff
> Der Tatsachen, und ihre Anmut schwindet.
> Am Ende, unten angelangt, nur dem
> Noch kenntlich, der Gedanken hat, zu sehn,
> Sieht sie genau aus, wie mein Neffe Ludwig.« (HW 4/82)

Das ist sprachlich genau gestaltet, indem der letzte Halbvers in Prosa übergeht (in jene Prosa übrigens, in der sonst ausgerechnet die Trobadors zu sprechen haben). Gedanklich ist das insofern komplex, als die Bewegung von einer Position zu ihrem Gegenteil führt, ohne dass der Ausgangspunkt geleugnet würde. Auriane – wir wissen indes: von einem lebensfreudigen Helfer eines ahnungslosen Künstlers körperlich beglückt –, Auriane spricht in ihrem Glück eine kompromisslerische Allerweltsmeinung aus; René weist der Kunst einen Bezirk oberhalb des Alltäglichen zu, warnt scheinbar vor einer Banalisierung des Schönen und verbindet gerade das traurige Warnbild mit einer Politik, die ihrerseits fragwürdig ist, d.h. positiv: würdig, sich ihr mit Fragen zuzuwenden. Deutlich wurde ja auch, dass Ludwigs Herrschaft einerseits die historische Vernunft bezeichnet, andererseits eine durch die historisch unumgänglichen Auseinandersetzungen gezeichnete Schwundform jener Vernunft ist.

Allerdings ist ein Tun wie das Ludwigs, in all seiner Hässlichkeit, wie vermittelt auch immer, doch noch der Kunst verbunden. Das bedeutet eine konzeptionelle Komplikation: Hacks, der im Stück ein ums andere

Mal den Misserfolg einer zweckorientierten Kunst vorzeigt und das pragmatische Neue gerade nicht auf die Bühne bringt, lässt René dies Neue in einer programmatischen Rede als wenn auch graue Existenzweise der Kunst vorstellen.[6] Das widerlegt einerseits den gängigen Vorwurf an den mittleren Hacks, er wolle in seinem Ästhetizismus von Wirklichkeit nichts mehr wissen. Andererseits verweist dies auf das Problem, das in »Margarete in Aix« ungelöst bleibt: wie die hässliche und gleichwohl notwendige Seinsweise von Kunst in guter Kunst, über den Status der Behauptung hinaus, präsent sein könnte.

Kunsttheoretisch ist in Renés Rede das Verhältnis von Wissen und Anschauung angesprochen. Die Formulierung »nur dem / Noch kenntlich, der Gedanken hat, zu sehn« (HW 4/82) variiert die Wendung von den Augen, die zu sehen man habe; und zwar variiert sie die Wendung ins Untheatralische, denn das Theater ist eine Kunst, die zur Anschauung bringt. Wenn sich Ludwig in den allerersten Versen des Prologs vorstellt, müssen wir uns bei einer angemessenen Inszenierung einen entsprechend geschminkten und gewandeten Schauspieler vorstellen:

> »Mit langer Nase, die stark abwärts schaut,
> Rötlichen Lidern in der Kreidehaut,
> Unfesten Backen wie ein altes Weib
> Und grob und armem Tuch am dürren Leib […] (HW 4/7)

Das Fortschrittliche dieses Herrschers ist gerade nicht sinnlich wahrnehmbar, sondern allenfalls – durch Renés Blick von außen und in der historischen Rückschau – gedanklich zu erschließen. Offensichtlich hat Hacks einkalkuliert, dass das politische Wie des Fortschritts nicht anschaulich wird, sondern im Bereich des gedanklich Kalkulierbaren bleibt; es ist eben jene Schwundform von Kunst, die gleichwohl politisch wie künstlerisch notwendig bleibt.

Wenn dies Optimismus bezeichnet, so ist er doch – sogar in der Werkphase Hacks', die durch die größte Übereinstimmung mit dem Lauf der Welt gekennzeichnet ist – durch zweierlei relativiert. Zum einen spricht René, gegenüber der glücklichen Auriane, seine Erkenntnisse als unglücklicher Mann aus:

»Aber weil heitere Stimmung stets sich mischt
Aus innerm Zustand und aus dem der Welt,
Wird künftighin in jede meiner Freuden
Ein Teil gemengt sein, das untröstlich ist.« (HW 4/82)

René hat ja Ludwig verraten und weiß noch nicht – und wird es, emotionsstrategisch von Hacks geschickt gesteuert, erst wenige Momente danach erfahren –, dass Karl dennoch gescheitert ist und tot. Darüber hinaus verweist Renés Rede vom Reich der Kunst als »Reich, das es nicht gibt« (HW 4/82), auf den Status der Provence, der zugleich geschichtlich ist wie außergeschichtlich.[7]

Von diesem Punkt aus erweist sich der Versuch, Renés Handeln unter politischen Gesichtspunkten zu untersuchen, als unzulänglich. Der König ist eine Kunstfigur nicht nur wie jede Dramenfigur überhaupt, sondern in einem präziseren Sinn: als Verkörperung einer Kunst, die er, in diesem Punkt von äußerster Bewusstheit, selbst als solche erkennt. Insofern steht Margarete nicht nur in einem politischen Gegensatz zu ihm, sondern bewegt sich in einer völlig anderen Ordnung; und dies erklärt, warum in der großen Auseinandersetzung der beiden am Ende des dritten Aufzugs Kommunikation in einem emphatischen Sinne nicht vorkommen kann.

Im »Kleinen Vademecum für Leser der ›Margarete in Aix‹« hat Hacks den Gegensatz der beiden in die Formel gefasst, dass René alle menschlichen und seelischen Vermögen besitze, außer dem Willen – Margarete sich hingegen auf ihren Willen reduziert habe.[8] »So resultiert die Fabel: René will durch Kunst Margarete trösten, die ihn aus Politik ruinieren will.« (HW 15/156) Man sollte dem nicht uneingeschränkt folgen; besäße René auch nur das mindeste Vermögen der Einfühlung, so würde er erkennen, dass nichts weniger geeignet ist als seine Kunst, um der Tochter Trost zu spenden. In weniger hoffnungsvollen Zeiten fällt es wohl auch schwer, diesem geschichtsphilosophisch fundierten Diktum Hacks' zu folgen: »Margaretes Politik ist durch kein Zeitbedürfnis zu rechtfertigen; sie hat keinen Inhalt.« (HW 15/155) Mag ein reaktionäres Bedürfnis auch missfallen, so bleibt es doch ein Bedürfnis mit einem Inhalt. Insofern Hacks gerade jene Margarete zur Titelgestalt machte – und aber sie als Titelgestalt im Titel in eine ihr notwendig fremde Welt der Kunst versetzte, »Margarete in Aix« –, bekräftigt er, seinem »Vademecum« entgegen, die bewegende Kraft ihres Willens.[9]

Margarete nämlich setzt erst die Handlung in Gang; René aus Schwäche und dann Ludwig aus Stärke reagieren lediglich. Ihr Wille, in England mit Hilfe des rückwärtsgewandten kontinentalen Ritters die Feudalherrschaft zu restaurieren, zieht Renés Kapitulation, Ludwigs Gegenintrige und Karls Tod nach sich. Der Zuschauer sieht allein sie zielgerichtet etwas tun; er sieht sie in einer fanatischen kunst- und lustfeindlichen Askese, die fast schon wieder etwas lustvoll Leidendes erhält; und er sieht sie, wenn sie mit René streitet, in steter Überlegenheit. Wo sie auftritt, beherrscht sie die Verhältnisse; und es kennzeichnet, dem »Vademecum« entgegen, Hacks' dramaturgische Gerechtigkeit, dass die Reaktionärin auch die bessere Psychologin ist. So erkennt sie, deutlicher als der als Vater zuweilen sentimentale René, den Grund, weshalb dieser ihr das Papier, das ihren Sieg zu garantieren scheint, überlässt:

»Sie gaben nichts für mich und nichts aus Liebe.
Aus Schwäche gaben Sie. Es ist nicht zwischen
Liebe und Haß, es ist zwischen Schwach und Stark.« (HW 4/65)

Damit berührt Margarete einen entscheidenden Punkt: die Schwäche ihres Vaters, die sie freilich allein negativ zu sehen vermag. Allerdings ist erst diese Schwäche Voraussetzung des Progressiven: Nur ein König, der auf Kraftentfaltung verzichtet hat, vermag den historischen Sinn dessen, dass sein Reich endet, einzusehen. Das historische Recht dieser Schwäche, das ihre Stärke ist, entgeht der durch ihr aktuelles Interesse geleiteten Tochter.

Hacks gibt Margarete nicht allein solcherart bedingte Erkenntnisse, sondern auch ein außerordentliches sprachliches Vermögen: In einem großen Monolog bringt sie sich, wie eine lieblosere Penthesilea, allein durch Willenskraft und sprachliche Selbstsuggestion ums Leben. Das Ziel ihres Handelns ist an dieser Stelle – nach der politischen Niederlage – allein noch destruktiv:

»[…] auf dieses Thronsaals offner Szene
Bin fest, vom Fleisch zu scheiden, ich gesonnen,

Daß ich durch groß zur Schau gestellten Schauder
Die viehische Lust denen zerstör und Laune.« (HW 4/86)

In gewisser Weise schlägt das fehl. Man sieht keinen Schauder, sondern die Leiche wird vor René verborgen, um ihm die Laune für das geplante Fest, das Margarete sabotieren will, nicht zu zerstören. Beim Verstecken geht es durchaus wohlgemut zu; durch lustige Verwechslungen wird der tote Körper bald hierhin, bald dorthin gesteckt, um schließlich in einem Futteral zu landen, das dem ahnungslosen René als Unterlage dient, den Pakt mit Frankreich zu unterzeichnen.

Damit wird szenisch sinnfällig, dass das Neue auf Grundlage des zu Recht gestorbenen Alten entsteht. Freilich weiß der Zuschauer auch, dass die Täuschung dieses Fests der Verkennung nicht aufrechtzuerhalten ist und dass René zwar noch ein »heitre[s] Fest« (HW 4/98) vergönnt ist, er aber bald vom Tod seiner Tochter erfahren wird. Zum einen ist damit die Lage Renés bis zum Abschluss der politischen Vorgänge unverändert: Er versteht, bei aller grundsätzlichen Weisheit, das konkrete Geschehen nur sehr ausschnittsweise und meist erst nachträglich. Bis zum Stückende lebt er in der Illusion, seine Tochter werde nun glücklich:

»Sie ist im Grunde ihres Wesens gut und vernünftig, und es war zu mutmaßen, daß das Ende ihres entsetzlichen Glücks das Ende ihrer Bitterkeit werden mußte. Nun, da ihre Träume begraben sind, wird sie zweifellos sehr leidlich sein.« (HW 4/95)

Zum anderen mischt sich ein Moment von Trauer in den Komödienschluss: Das Glück, wie René bei seinem ersten Auftritt wusste, ist vergänglich. Das dementiert nicht den historischen Optimismus des Stücks, verweist aber darauf, dass das Individuelle nicht im positiven geschichtlichen Verlauf aufgeht. Dabei steht nun nicht, wie man meinen könnte, die Geschichte des Staats einerseits für den Fortschritt, die Kunst andererseits für Flüchtigkeit und Schein des individuellen Glücks. Vielmehr unternimmt es Hacks in »Margarete in Aix«, die Kunst, wie sie am Hofe Renés gepflegt wird, zu übertreffen und beide Seiten ins Verhältnis zueinander zu setzen.

1 Peter Hacks: Margarete in Aix. In: Ders: Werke, Bd. 4. Berlin 2003, S. 5–95, S. 16 f. (Zitate und Verweise im Folgenden abgekürzt als HW, mit arabischer Band- und Seitenzahl.)

2 Vgl. Andrea Jäger: Der Dramatiker Peter Hacks. Vom Produktionsstück zur Klassizität. Marburg 1986, S. 172.

3 In Käfigen soll Ludwig XI. seine feudalen Gegner gefangengehalten haben – eine Version, die die gegenwärtige Geschichtsschreibung für unwahrscheinlich hält. Zum historischen Hintergrund der Komödie vgl. umfassend Christoph Trilse: Peter Hacks, Das Werk. Westberlin 1981, S. 184 ff.; zu den literarischen Vorlagen, Walter Scotts Romanen »Quentin Durward« und »Anne of Geierstein«, Heidi Urbahn de Jauregui: Politik und Kunst – ein heiteres Spiel. Zu »Margarete in Aix«. In: Dies.: Zwischen den Stühlen. Der Dichter Peter Hacks. Berlin 2006, S. 53–66, bes. S. 55 ff.

4 Trilse, a.a.O., S. 188 ff., liest dagegen die Komödie als Darstellung dessen, wie im Bündnis aller das Alte ablehnenden Kräfte sich das Fortschrittliche in der Geschichte durchsetzt.

5 So Trilse, a.a.O., S. 188.

6 In diesem Punkt ist Heidi Urbahn de Jauregui zu widersprechen, die zwar die stückimmanente Wirkungslosigkeit von Zweckkunst überzeugend zeigt (a.a.O., S. 57 ff.), doch dem Politiker Ludwig, der ja für René eine graue Version des Anmutigen ist, allzu schnell eine systematisch bedingte Untauglichkeit zur Kunst zuweist (S. 62); umgekehrt konstatiert Jäger, a.a.O., S. 173, anhand dieser Passage, dass René und mit ihm Hacks eine umstandslose Identität von Kunst und Wirklichkeit behaupte – in dieser Gleichsetzung geht der Verwandlungsprozess, den René schildert, verloren. Es führt auch kaum weiter, Bosin, den ehemaligen Bediensteten Uc de Calezons, der im Schlussakt als Bote Ludwigs auftritt, als Verbindung von Kunst und Realität zu bezeichnen. (Trilse, a.a.O., S. 191; de Jauregui, a.a.O., S. 65). Bosin war Sprachrohr des Künstlers und ist nun das des Politikers – es liegt also nur ein Wechsel des Wirkungsfelds vor.

7 Vgl. bereits Jäger, a.a.O., S. 168 ff.

8 Peter Hacks: Kleines Vademecum für Leser der »Margarete in Aix«. In: HW 15/155 f.

9 Jäger, a.a.O., S. 178 ff., zweifelt mit Recht an, dass reaktionäre Politik inhaltsleer sei; zuvor, S. 175 ff., hat sie bereits die Behauptung, der Fortschritt in der Komödie sei historisch notwendig, einer so scharfen wie berechtigten Kritik unterzogen. Allerdings orientiert sie ihre Darlegungen Abschnitt für Abschnitt am »Vademecum« und nimmt Hacks' Äußerung über das Stück allzu unvermittelt bereits für den Drameninhalt.

VOLKER RIEDEL

»Prexaspes« oder Hacks' heterodoxes
Bekenntnis zum Sozialismus

Das Wort »Staatskunst« hat eine doppelte Bedeutung: die Fähigkeit, eine angemessene Politik zu betreiben, und eine Kunst, die sich in den Dienst des Staates stellt. In beiden Bedeutungen ist es ein treffendes Motto für eine Tagung zu Peter Hacks: Das Nachdenken über Politik (über »Staatsvernunft, die das Vorhandne regelt, / Und Staatskunst, die ins Mögliche sich dehnt«[1]) ist, direkt oder indirekt, ein zentrales Thema seines Werkes – und er verfasste eine Kunst, die sich ausdrücklich zur sozialistischen Gesellschaft bekannte.

Mit dem zweiten Aspekt hat es allerdings eine eigenartige Bewandtnis. Laut Hacks' Poetik lebt Kunst generell »von den Fehlern der Welt« und ist »Gegenstand der jüngsten Kunst« das »Verhältnis der Utopie zur Realität« – und diese Realität ist »ein unvollkommener Zustand«. So schätzte er denn auch den »weit übers Jahrhundert hinausgreifende[n] Erfolg der DDR, in Verbindung mit ihren höchst lebendigen Widersprüchen«.[2] Es ist eher die Utopie, das Ideal, das Leitbild eines sozialistischen Gemeinwesens, mit dem Hacks uneingeschränkt sympathisierte – zu dessen Wirklichkeit verhielt er sich durchaus distanziert; genauer: Er brachte Merkmale zum Ausdruck, die der auf propagandistische Glättungen bedachten offiziellen »Linie« außerordentlich zuwiderliefen – in »Die Sorgen und die Macht« die Diskrepanz zwischen Kommunismus und »realem Sozialismus«, in »Moritz Tassow« die Diskrepanz zwischen Zielvorstellung und »Forderung des Tages«[3]. Dies tat er aber, nicht um die Konzeption zu widerlegen, sondern um sich mit ihr zu identifizieren – so wie laut Brecht Marx der deutschen Sozialdemokratie oder er selbst der Sowjetunion »Positiv kritisch« gegenüberstanden.[4] Es ist ein heterodoxes Bekenntnis, das auf allen Seiten Missverständnisse hervorbrachte, das

Hacks insbesondere über ein Jahrzehnt lang, bei den einen wie bei den anderen, als Dissidenten erscheinen ließ und das dann wieder zu emphatischen Aussagen über solch zwiespältige Phänomene wie die Ausbürgerung Wolf Biermanns, die Berliner Mauer oder die Politik Stalins führte. Symptomatisch für diesen Dichter ist das Sitzen »Zwischen den Stühlen« – wie der Titel eines Gedichtes lautet und wie Heidi Urbahn de Jauregui ihren Essayband von 2006 treffend genannt hat.[5]

Erinnert sei nur an die Theaterskandale um die bereits erwähnten Gegenwartsstücke, obgleich in ihnen zu verantwortungsbewusster Arbeit aufgerufen und vor voluntaristischer Ungeduld gewarnt wurde, an die Uraufführungen sowie an die Veröffentlichung wichtiger poetischer und theoretischer Texte Ende der sechziger und Anfang der siebziger Jahre außerhalb der Landesgrenzen, an die Konzeption einer »postrevolutionären Dramaturgie« angesichts einer Gesellschaft, die sich als revolutionär verstanden wissen wollte, an die Verehrung Walter Ulbrichts (unter dem Hacks mehr oder weniger *Persona non grata* war) und an die Verachtung Erich Honeckers (unter dem er Akademiemitglied und Nationalpreisträger wurde), an seine Warnung vor einem selbstverschuldeten Untergang der DDR in der »Pandora« und im »Jona« und an seine trotz alledem unnachgiebige Deutung der Ereignisse *nach* diesem Untergang als eines Siegs der Konterrevolution.

Ich möchte die Problematik an einem Stück aus Hacks' mittlerer Schaffensperiode aufzeigen: an dem 1968 geschriebenen, 1975 erstmals in »Theater der Zeit« und 1976 im zweiten Band der »Ausgewählten Dramen« veröffentlichten, 1976 in Dresden uraufgeführten und dann noch einmal 1978 am Berliner Deutschen Theater inszenierten »Prexaspes« – einem Werk, das nicht gerade im Mittelpunkt der Forschung steht.

Der Stoff ist dem Geschichtswerk des Herodot entnommen und bezieht sich auf den Übergang der Macht in Persien von Kambyses II. auf Dareios I. in den Jahren 523/522 v. Chr. Laut Herodot hat Kambyses – der Sohn von Kyros II., dem Begründer der persischen Großmacht – während seines Feldzuges in Ägypten (525/24) durch den Hofbeamten Prexaspes seinen Bruder Smerdis (persisch Bardiya) ermorden lassen, weil er geträumt hatte, dass Smerdis auf seinem Thron sitzen werde. Dessen Tod ließ er geheimhalten. Der Magier Patizeithes, der als einer von wenigen von dem Mord wusste, hat daraufhin seinen Bruder veranlasst, die Macht zu ergreifen und sich als den legitimen Thronerben auszugeben. Dieser Bruder war ebenfalls ein Magier, dessen persische Namensform Gaumata lautete, der aber im Griechischen auch Smerdis genannt wurde und der dem Bruder des Kambyses zudem ähnlich sah. Kambyses, dessen Feldzug nach Äthiopien zuvor spektakulär gescheitert war, erkannte nun, dass in seinem Traum nicht sein Bruder, sondern der Magier Smerdis gemeint war, und wollte aus Ägypten zurückkehren, verstarb aber unterwegs. Der Usurpator, dem eines früheren Vergehens wegen die Ohren abgeschnitten worden waren, hielt sich von der Öffentlichkeit fern; dem Adligen Otanes jedoch gelang es, mit Hilfe seiner Tochter, der Gemahlin des neuen Herrschers, dessen Ohrlosigkeit zu entdecken, und er initiierte eine Verschwörung von sieben Vertretern des Stammesadels, zu denen auch Dareios gehörte: aufgrund seiner Herkunft aus dem Geschlecht der Achaimeniden der vornehmste der Verschwörer.

Prexaspes hat die Ermordung des Smerdis bestritten – vor allem aus Treue zu Kambyses (obgleich dieser von Herodot als gewalttätig und wahnsinnig geschildert wird und sogar den Sohn des Prexaspes getötet, ja kurz vor seinem Tode den Brudermord gestanden hat). Das erleichterte es den Magiern, Gaumata als den Sohn des Kyros und damit als rechtmäßigen Herrscher auszugeben, und sie suchten, Prexaspes zu ihrem Verbündeten zu machen. Nachdem dieser sich zuerst dazu bereit erklärt hatte, gab er dann aber den Verschwörern das Geheimnis preis, rief zum Sturz der Usurpatoren auf und beging Selbstmord. Die Verschwörer töteten Patizeithes, dessen Bruder und einige seiner Gefolgsleute, worauf ein Massaker an den Magiern erfolgte. Unter den Verschwörern begann eine Diskussion über die künftige Verfassung Persiens: Otanes plädierte dafür, die Macht »den Persern insgesamt in die Hände zu legen«[6] (das Wort »Demokratie« vermeidet Herodot); ein anderer Verschwörer sprach sich für die Oligarchie, Dareios für die Beibehaltung der Monarchie aus – zunächst nur prinzipiell. Seine Auffassung setzte sich durch, und schließlich gelang es Dareios durch Entschlossenheit und List, die Frage, *wer* Monarch werden soll, zu seinen Gunsten zu entscheiden. Nachdem er im Jahre 521 noch zahlreiche Aufstände niedergeschlagen hatte, führte er wichtige Verwaltungs- und Abgabenreformen durch.

Inwieweit diese Darstellung der historischen Realität entspricht, ist umstritten. Nach der Felsinschrift des Dareios am Berg von Bisutun[7] ließ Kambyses seinen Bruder bereits *vor* dem Feldzug nach Ägypten ermorden und war auch keineswegs wahnsinnig. Von der Ohrlosigkeit des Usurpators sagt Dareios ebenso wenig wie von einer Verfassungsdiskussion oder von einem Pogrom gegen die Magier; bei der Verschwörung nennt er sich selbst als den eigentlichen Initiator, und der Königstitel fällt ihm ohne Trick als etwas Selbstverständliches zu. Freilich ist auch dieser »Tatenbericht« keine zuverlässige Quelle, sondern eine Darstellung im Interesse der Selbststilisierung und des eigenen Legitimitätsanspruchs. Außerdem verzichtete Dareios auf Details – sogar Prexaspes wird nicht erwähnt. Vor allem umstritten ist allerdings ein Aspekt, bei dem Dareios und Herodot in den Grundzügen übereinstimmen: nämlich die Frage nach dem »echten« oder dem »falschen« Smerdis. Einige Historiker halten die Überlieferung im Großen und Ganzen für glaubwürdig[8]; andere analysieren die Widersprüche in dieser Geschichte und plädieren nachdrücklich dafür, dass der unmittelbare Nachfolger des Kambyses tatsächlich dessen Bruder Smerdis und der Usurpator erst Dareios war, der den »echten« Smerdis beseitigt und danach für den »falschen« erklärt, als »Sieger der Geschichte« aber mit seiner Interpretation sich durchgesetzt hat[9]. Möglicherweise sei Prexaspes sogar von Anhängern des Dareios beseitigt worden.[10] Wieder andere Gelehrte lassen die Sache auf sich beruhen und begnügen sich damit, die Unklarheiten zu konstatieren.[11] Diese Streitpunkte spielen für Hacks allerdings keine Rolle; er stützt sich ausschließlich auf Herodot.[12]

Aufschlussreich jedoch sind die Modifikationen, die der Schriftsteller gegenüber dem griechischen Geschichtsschreiber vornimmt. (Ich beziehe mich hier auf Grundkonstellationen der Handlung, nicht auf die poetischen Ausschmückungen im Einzelnen. Als Namensformen verwendet Hacks »Darios« und »Smerdes«.) Wie die neuere Geschichtswissenschaft anhand Herodots sowie der Inschrift von Bisutun herausgearbeitet hat, handelte es sich bei den geschilderten Vorgängen um einen Konflikt zwischen Zentralgewalt und Stammesadel. Kambyses und sein unmittelbarer Nachfolger – wer auch immer es gewesen sein mag – agierten gegen den Stammesadel für eine Stärkung der Zentralgewalt. Dabei suchte Gaumata ein gegen den Adel gerichtetes sozialpolitisches Programm zu verwirklichen.[13] Er ließ (nach dem »Tatenbericht« des Dareios) Heiligtümer zerstören und Weiden, Vieh und Sklaven rauben. Laut Herodot scheute er dabei nicht vor populistischen Maßnahmen zurück und versprach, um die Unterstützung durch breite Schichten der freien Bevölkerung zu erhalten, allen Völkern seines Reiches für drei Jahre Freiheit von Steuern und Kriegsdienst. Inwieweit er dabei im Interesse einer Priesterherrschaft agierte, ist den Quellen nicht eindeutig zu entnehmen. Das von Herodot berichtete Massaker an den Magiern deutet darauf hin – Dareios selbst betonte gerade die *gegen* die Priester gerichteten Maßnahmen Gaumatas.[14] Er machte – wie es in der Inschrift von Bisutun heißt – als ein Verehrer der Götter die Zerstörungen und Enteignungen des Usurpators wieder rückgängig[15] und stabilisierte, wie schon Kyros, die Zentralgewalt im Einvernehmen mit dem Stammesadel und auch eng verbunden mit den Magiern – allerdings mit Dominanz des Palastes über den Tempel.[16]

Bei Hacks hingegen ist der »falsche« Smerdes in noch bedeutend stärkerem Maße als bei Herodot Exponent einer Priesterherrschaft – vor allem aber ist Otanes nicht mehr ein Vertreter des Stammesadels, sondern ein Geldhändler, und der Konflikt spielt sich ab zwischen den Magiern als den Verfechtern eines Gottesstaates und den Kaufleuten und Sklavenbesitzern als den Repräsentanten einer auf Privateigentum basierenden Gesellschaftsschicht – einer Schicht, die historisch sich erst während der Regierungszeit des Dareios allmählich entwickelte.[17] Bei Hacks löst Darios den Konflikt, indem er die beiden sozialen Gruppen gegeneinander ausspielt, beide entmachtet, aber auch zu einem gewissen Ausgleich bringt und unter dieser Konstellation eine zwar vernünftige, letztlich aber absolutistische Monarchie errichtet. Zudem stellt sich heraus, dass ebenso wie die Kaufleute auch der »echte« Smerdes als deren Schutzherr die Richtung auf »Grundeigentum und Sklaverei« einschlagen wollte und folglich von Kambyses keineswegs nur – wie Herodot es darstellt, bei dem von inhaltlichen Differenzen zwischen den Brüdern nichts zu finden ist – infolge eines (noch dazu missverstandenen) Traums beseitigt wurde.[18] Smerdes tritt bei Hacks für »die Gleichheit aller« (HW 4/201) ein und verkündet den »Ausbruch der Freiheit« (HW 4/202), ist also faktisch ein »Feind […] des Königs« (HW 4/203). Dass es sich dabei nur um eine andere Form von Ausbeutung handelt – um die Ablösung der asiatischen durch die antike Produktionsweise –, wird schnell deutlich: Sterbend ruft Smerdes aus: »[…] heute ist Ausbruch der Freiheit, wir werden euch alle zu Sklaven machen.« (HW 4/202) Kambyses begründet dann auch nachträglich den Mord: »[…] ließ ich ihn gewähren, er hätte mir die Sklaverei und das Grundeigentum eingeführt, und der langsam gebaute Staat war binnen keiner Zeit zerfallen.« (HW 4/233)

Diese neue soziale Standortbestimmung der Akteure hat zur Folge, dass Darios kaum als Angehöriger eines vornehmen Adelsgeschlechts, sondern als ein »Aufsteiger« agiert, der zunächst Soldat der Leibwache ist – »von guter persischer Familie«, aber »bloß Soldat der Garde« (HW 4/194) – und dann stufenweise die soziale Leiter emporklimmt, bis er als überparteilicher Monarch die Staatsangelegenheiten regeln kann. Dabei verzichtet Hacks auf den von Herodot berichteten Trick – wohl nicht im bewussten Rückgriff auf den »Tatenbericht« des Dareios, sondern aus seiner eigenen Neudeutung dieser Gestalt heraus. Da Darios zwar klüger, aber im Grunde mit denselben Zielstellungen wie Kambyses agiert, erscheint dieser als weniger negativ als bei Herodot, geschweige denn als wahnsinnig. Dramaturgisch geschickt, aber auch im Interesse der inhaltlichen Aussage erhält Atossa – die Schwester und Gemahlin des Kambyses und später die Gemahlin des Darios – eine aktive Rolle: Nicht die Tochter des Otanes, sondern Atossa als zeitweilige Gattin des Usurpators Smerdes enthüllt dessen Ohrlosigkeit. Das Stück endet mit der Verkündung eines geradezu idealen Gemeinwesens; die zunächst einmal einsetzenden Aufstände werden mit keinem Wort erwähnt.

Das Stück ist nicht leicht zu interpretieren und zeugt zunächst einmal von der generellen Schwierigkeit historischer gegenüber mythischen Sujets. Während »Der Frieden«, »Amphitryon«, »Omphale« oder »Adam und Eva« aufgrund der allgemeinen Bekanntheit oder der Überschaubarkeit der Vorgänge für den Rezipienten von vornherein verständlich sind, trifft dies bei einem derart entlegenen (und zudem, wie gezeigt, in den Details umstrittenen) geschichtlichen Stoff nicht zu – eine Problematik, die, wie ich meine, nicht wenigen Hacks'schen Werken eigen ist. (Nur wenn historische Vorgänge relativ bekannt und legendenhaft überhöht sind, wie im »Gespräch im Hause Stein über den abwesenden Herrn von

Goethe« oder in »Senecas Tod«, nähern sie sich den Bedingungen eines Mythos an.) Außerdem ist ein antikes oder biblisches Sujet dank seiner Bildhaftigkeit eher variierbar als ein historisches, dessen Grundzüge im Großen und Ganzen festgelegt sind und das nur bedingt Analogien zur Gegenwart aufweist.

Rolf Rohmer hat die Vorgänge des »Prexaspes« auf die Machtpolitik des gegenwärtigen Imperialismus, auf »die verschleiernde Manipulierung von Herrschaftspraktiken im Staat der antagonistischen Klassengesellschaft« bezogen; Darios ist ihm ein Politiker, »der unter der demagogischen Vorspiegelung reformierter Machtausübung die Verhältnisse restaurieren und die Herrschaft der wirklichen Gewalthaber sichern wird« – und die Schlussfolgerung lautet: »Die Geschichte ist [...] assoziationsreich anwendbar z.B. auf aktuelle Vorgänge in imperialistischen Staaten heute«.[19] Auch Dieter Krebs hat in seiner Besprechung der Dresdner Uraufführung von »Gebrauch und Mißbrauch der Macht im antagonistischen Klassenstaat« gesprochen.[20] Dagegen wird im Programmheft deutlich der »Gebrauch der Macht zugunsten des gesellschaftlich Fortschrittlichen, des historisch Notwendigen und Möglichen« hervorgehoben, sich allerdings mit der Bemerkung abgesichert, dass der »Prexaspes« »keine Parabel, sondern ein Historiendrama« sei.[21] Ebenso hat Heidi Ritter zwar die Intentionen des Dichters erkannt und davon gesprochen, dass hier die Despotie den historischen Fortschritt befördere und es um eine »postrevolutionäre« Vervollkommnung bestehender Gesellschaftssysteme gehe, aber sehr viel Kritik im Einzelnen geübt und die Intentionen somit verworfen: Der »Hauptmangel« sei »eine unklare und einseitige und dadurch sogar falsche Bestimmung der sozialistischen Staatsmacht und ihrer Träger«.[22] Christoph Trilse hingegen hat die Relevanz der Fragestellungen für die sozialistische Gesellschaft zustimmend hervorgehoben[23], und auch Liane Pfelling betonte in ihrer Besprechung der Berliner Aufführung »den Gedanken vom gesellschaftlich nützlichen Gebrauch der Macht«[24]. Beide Autoren sind dabei allerdings nicht allzu sehr auf Details eingegangen.

Dies tat Urs Allemann, der hinter der Handlung des Stückes »Widersprüche, Machtkämpfe in den etablierten sozialistischen Gesellschaftssystemen« konstatierte, die Magier als »Ideologen einer dogmatisch erstarrten kommunistischen Staatspartei« und die Kaufleute als »Sprachrohr der an Effektivitäts- und Rentabilitätskriterien orientierten Wirtschaftsfachleute und Technokraten, der höheren ökonomisch-technischen Intelligenz« bezeichnete. Deren Forderung nach Freiheit und Demokratie freilich sei nur die demagogische Verbrämung der Forderung nach »Wiedereinführung des Kapitalismus«[25]. Auch Raymond Heitz bezieht die Handlung auf sozialismusinterne Machtkämpfe und untersucht zudem die Beamtenproblematik. Er sieht Prexaspes' totale Identifizierung mit der Funktion als kritikwürdig, betont dann aber auch deren (zumindest zeitweilige) Notwendigkeit.[26] Beide Autoren erkennen, dass Hacks Konstellationen von großer Widersprüchlichkeit schildert, sie aber mit entschiedener Zustimmung betrachtet. Es ist dies freilich eine Zustimmung, die zugleich gegen das Selbstverständnis dieser Gesellschaft verstößt.

Hierfür sprechen insbesondere zwei Aspekte, die miteinander im Zusammenhang stehen: die Rolle der Bürokratie und das Postulat der »Staatsvernunft«. Peter Hacks ist in seinem den »Prexaspes« begleitenden Essay »Die deutschen Alexandriner« auf die Funktion der Beamten in der altorientalischen Gesellschaft und im französischen Absolutismus eingegangen und hat von hier aus Schlussfolgerungen auf den Sozialismus sowjetischer Prägung gezogen.[27] Er schätzt diesen Stand nicht, aber er akzeptiert ihn als unerlässlich für das Funktionieren bestimmter Gemeinwesen – nämlich solcher, die aus sozioökonomischen Gründen zentralistisch ausgerichtet sind: »Der Beamtenstand ist selten eine liebenswerte Klasse. Dennoch und auf die Gefahr hin, einige Freiheitsfreunde zu befremden, finde ich am Beamten eine nicht bloß überflüssige Seite. Es gibt gesellschaftliche Bedingungen, unter denen er unabkömmlich ist.« (HW 15/158) Die »historische Aufgabe« einer »Schreiberwirtschaft« sei »der Kampf gegen die Begierden von Teilen der Gesellschaft, welche sich dem Gesamt der Gesellschaft entgegensetzen«. (HW 15/159) Schon dies ist ein Affront – in der DDR waren sogar der *Begriff* des Beamten verpönt und Spott über Bürokraten (so wie bereits bei Lenin und Stalin) gang und gäbe. Hacks nun hält das Verschweigen des Eigentlichen, des für eine Gesellschaft Charakteristischen für ein Kennzeichen echter Staatskunst.[28] Dass in einer »postrevolutionären« Gesellschaft die Macht von den Revolutionären zu den Funktionären übergeht, hatte er schon am Ende des »Moritz Tassow« zum Ausdruck gebracht – mit der Ablösung Mattukats durch Blasche: »Der neue Mensch bleibt auf dem Plane. Ich.«²⁹

Die Beamtenproblematik ist dabei gegenüber Herodot beträchtlich verschärft: Bei diesem ist Prexaspes nur der Kämmerer des Königs, bei Hacks zugleich ein hoher Magier. Er dient somit zwei Herren: Er verurteilt zwar zunächst den Magier Smerdes zum Tode, betreibt dann aber auch aktiv dessen Machtergreifung (HW 4/203 f.). Bei Herodot gilt er als angesehener Mann; bei Hacks ist er der Prototyp eines Opportunisten. Er schließt sich offen den Usurpatoren an und beschimpft in deren Interesse den sterbenden Kambyses (HW 4/249 f.). Mit keinem Wort fordert er die Verschwörer zum Sturz der Magierherrschaft auf. Allerdings begeht er am Ende Selbstmord – und erst Otanes deutet dies als Eingeständnis (HW 4/251).

Doch mehr noch: Prexaspes ist nicht nur der Prototyp eines Bürokraten, sondern offenbart auch die Ambivalenz dieses Standes in voller Schärfe: Dort, wo er eine (nach Hacks) im Staatsinteresse richtige Entscheidung trifft, kann er sich nicht durchsetzen: Er verhängt zwar zu Beginn des Stückes sowohl über den Kaufmann Otanes wie über den Magier Smerdes, die sich beide auf Kambyses berufen und, indem sie untereinander im Streit liegen, tatsächlich Feinde des Staates sind, die Todesstrafe – aber Kambyses begnadigt den Geldhändler und begnügt sich damit, dem Priester die Ohren abschneiden zu lassen. Wo Prexaspes eine wichtige Aufgabe übernimmt (die Vorbereitung des Äthiopienfeldzugs), erweist er sich als überheblich und unfähig. Er geht in seinem Opportunismus so weit, dass er dem Kambyses seinen eigenen Sohn zum Geliebten gibt und den König sogar noch (dies ebenso wie bei Herodot) schmeichlerisch dafür lobt, mit welcher Geschicklichkeit er diesen Sohn getötet hat. Er muss sich (ebenfalls wie bei Herodot) in seiner Treue gegenüber Kambyses letztlich desavouieren lassen – denn dieser gibt auf dem Sterbebett die Ermordung seines Bruders zu. Schließlich gerät er, als Magier und als Kämmerer, in einen unlösbaren Interessenkonflikt und zwischen sämtliche Fronten: »Ich kann mich nicht entscheiden zwischen mir und mir.« (HW 4/236) Einen Ausweg sieht er nur noch im Selbstmord. Wie es im Begleitessay heißt, sind Beamte »niemals fortschrittlich«, sondern bestenfalls »gegenrückschrittlich« (HW 15/158), neigen sogar dazu, sich mit dem Rückschritt zu verbünden, entwickeln kleinherrscherliche Gewohnheiten und müssen deshalb ausgeschaltet werden (HW 15/163). Hacks hat das Stück mit der Gattungsbezeichnung »Schauspiel« (HW 4/181) versehen, spricht aber auch einmal von »Beamtentragödie« (HW 15/158) – tatsächlich wird das Beamtenhafte eher zur Farce, und das erste und einzige wirkliche »Trauerspiel« des Dichters ist »Jona«.

Es gibt im »Prexaspes« zwar keine explizite Verfassungsdebatte (wie sie Herodot wohl auch eher den politischen Diskussionen im Athen des 5. als der persischen Geschichte des 6. Jahrhunderts entnommen hatte); wohl aber ist das gesamte Stück gleichsam eine Debatte über die beste Staatsform, die in der Schlussszene kulminiert. Die Magier streben nach einem anachronistischen Gottesstaat und scheitern damit völlig; dem Otanes scheint eine Art Demokratie vorzuschweben, wenn nicht gar eine staatslose Gesellschaft:

»Zerrissen ist das Netz, der Gegenstaat zerstückt,
Bezwungen liegt der Zwang, Bedrückung unterdrückt.
Des qualvoll engen Kleids aus Folter, Wahn und Predigt
Hat sich das Volk, und steht nun groß und nackt, entledigt.«
(HW 4/252)

Freilich ist dieses Gemeinwesen, wie wir gleich am Anfang sehen, mit Privateigentum und Sklaverei behaftet, und die euphorischen Worte können nicht darüber hinwegtäuschen, dass es realiter eher einer blutrünstigen Anarchie gleicht. Otanes ist eine ambivalente Figur, in der sich kapitalistische, sozialistische und anarchistische Züge verbinden und dessen »volksdemokratische« Parolen sich im Grunde als demagogisch enthüllen. So verkündet er: »Ich habe längst eine Verschwörung aufrechter Volksfreunde zusammengebracht. Die Kaufmannsinnung ist mit mir und viele der reicheren Handwerker, kurz, man kann sagen, die Massen.« Er verspricht Darios den Rang »eines Beauftragten der Freiheit« (HW 4/242 f.) und bricht in die pathetischen Worte aus: »Volk von Persien, in diesem Augenblick, da du ohne König bist, bist du selbst König.« (HW 4/245)

Darios hingegen wird einen starken und vernünftigen zentralen Staat aufbauen, der die Magier wie die Kaufleute in ihre Schranken verwiesen hat und Exzesse ablehnt – »Man fahr zu tanzen fort. Man soll das Morden lassen« (HW 4/252) –; er wird also den Staat, den ihm Kambyses übergeben hat, *mutatis mutandis* weiterführen. Ausdrücklich bezeichnet er sich als »Despot« und als »Mensch« (HW 4/252) zugleich. Kambyses selbst übergibt ihm sterbend den Thron:

»Mein Acker trägt noch gut, wird er nur gut bestellt.
Der Arbeit Vorsteher, laßt mich ihn euch empfehlen.
Zu dem nach mir, Perser, sollt ihr Darios wählen.« (HW 4/251)

Darios distanziert und identifiziert sich in *einem* Atemzug: »Ich, und dir gleich? Nun ja. Es ist das gleiche Amt, / Das mich, dir gleich zu sein, begnadet und verdammt.« (HW 4/251)

Otanes verspottet ihn als »Buchhalter«, der »ein Meer von Blut« scheut, und lehnt die Re-Etablierung des Staates ab: »Der alte Wahnsinnsstaat wohl feiert Wiederkunft?« Darios verbannt und enteignet ihn und entgegnet: »Auch der Vernunftstaat, Freund, bedarf der Staatsvernunft.« (HW 4/253)

Die Schlussverse lauten:

»Solang Bedürfnis nicht das alte Muster sprengt,
Gesetz so sehr nicht drückt, als es Entlastung schenkt,
Sich unterm Schirm der Macht das Gute immer festigt
Und, was zum Bessern hin sich müht, bleibt unbelästigt,
Solang die Frag: was nützt der König jedermann?,
In jedermanns Verstand noch Antwort finden kann,
Solang wird uns kein Schlag von keiner Seite fällen.
Laß uns, Atossa, gehn und unser Reich bestellen.« (HW 4/253 f.)

Es handelt sich also um die Weiterführung eines etablierten Staates mit weniger tyrannischen Mitteln – und zwar eines auf die Verwaltung der Produktion ausgerichteten Staates, dessen König im Grunde der oberste Beamte (»Vorsteher« und »Buchhalter«) ist. Bereits bei der ersten Erwähnung wird Darios als »Krämer« (HW 4/194) bezeichnet, der sich mit Grenzbefestigung, Straßenbau und Besoldungswesen befasst. In einer wichtigen Unterredung mit Kambyses begründet er die Funktion und die Machtfülle des Königs damit, dass er »Aufseher des Wassers« (HW 4/208) sei.

Inwieweit Hacks damit auf bestimmte personelle Konstellationen zielt, sollte mit aller Vorsicht erörtert werden. Geschichte ist ein Gleichnis, aber keine Analogie. Wie der Schriftsteller im »Seneca-Essay« ausführt, muss die historische Kunst beachten, dass es Entsprechungen und Nicht-Entsprechungen gibt und dass sie diese entweder ausklammern oder herausarbeiten muss – je nachdem, ob es ihr um Allgemeines oder um Besonderes geht.[30] Außerdem schaltet Hacks sehr frei mit den Fakten der Vergangenheit und der Gegenwart. Einen gewissen Aufschluss mag die Entstehungszeit des Werkes gewähren, die Hacks mit 1968 angibt. Offenbar sollen die Vorgänge des Stückes auf den Sturz Antonín Novotnýs und auf die Debatten über den weiteren Weg der Tschechoslowakei anspielen. Die Errichtung eines orthodoxen »Gottesstaates« scheidet aus – doch die radikale Umgestaltung, wie sie, teils aus eigenem Willen, teils getrieben von den Umständen, die Reformer um Alexander Dubček einschlugen, findet ebenso wenig die Zustimmung des Schriftstellers.

Allerdings sollten wir den »Prexaspes« nicht allzu eng auf die Ereignisse in der Tschechoslowakei beziehen. Die exakte Entstehungszeit des Stückes ist nicht bekannt. Dem im Deutschen Literaturarchiv Marbach befindlichen Nachlass aber ist zu entnehmen, dass der Dichter Notizen auf an ihn gerichtete Briefe zwischen Juni 1965 und Frühjahr 1968 aufgezeichnet hat[31] – dass also zumindest die Konzeption wohl bereits auf die Zeit *vor* 1968 zurückgehen dürfte.

Vermutlich hatte Hacks über konkrete politische Konstellationen hinaus eine (wenige Jahre später nochmals im »Numa« thematisierte) allgemeinere Erscheinung in den sozialistischen Staaten im Blick: den Übergang der Macht von einem (verstorbenen oder abgelösten) Parteichef auf den Nachfolger und die Wirren, die sich – seit den Diadochenkämpfen nach Lenins und dann noch einmal nach Stalins Tod – fast ausnahmslos damit verbanden. Gewiss sind auch die Erfahrungen, die – wie 1956 in Ungarn – der Umschlag eines »Volksaufstandes« in ein Massaker vermittelten, in die Aktionen des Otanes eingeflossen. Vielleicht war der »Prexaspes« sogar als Mahnung an die künftigen Nachfolger des damals 75-jährigen Ulbricht gedacht. Dabei richtete sich Hacks' Plädoyer grundsätzlich auf evolutionäre Entwicklungen. Darios stellt sich bewusst in die Nachfolge des Kambyses, modifiziert zwar dessen Maßnahmen, behält dessen Grundsätze aber bei – verkündet also, auf die Gegenwart bezogen, einen Herrschertyp, der, an Stalin'sche Prinzipien anknüpfend, zugleich Stalin'sche Exzesse vermeidet.[32] Das Stück sollte modellhaft einer Stabilisierung des sozialistischen Staates dienen – aber es betonte dabei Probleme, die man nicht gerade in aller Öffentlichkeit diskutiert zu sehen wünschte.

Die Situation wird noch komplizierter, wenn wir über den historischen auch den theoretischen Aspekt einbeziehen: Marx und Engels vertraten bekanntlich die – auf Denker wie Lessing, Herder, Fichte oder Hölderlin (übrigens auch Schopenhauer) zurückgehende[33] – These, dass nach der Vergesellschaftung der Produktionsmittel an die Stelle der »Regierung über Personen« »die Verwaltung von Sachen und die Leitung von Produktionsprozessen« treten, das eigentlich politische Moment damit wegfallen und der Staat absterben werde.[34] Es wurde zwar eingeräumt, dass die erste Phase der sozialistischen Gesellschaft »despotisch« bzw. eine »Diktatur« sein werde – doch dies war als eine Übergangserscheinung gedacht. Als sich dann jedoch herausstellte, dass es nicht zu einer Reduzierung, sondern zu einer Ausweitung der Staatsgewalt kam, musste der Gegensatz zwischen Zielvorstellung und Realität irgendwie bemäntelt werden. Wirkliche Lösungen für das Dilemma konnte man nicht anbieten – zumal der Begriff »Diktatur«, den Marx offenbar in Anlehnung an die altrömische *dictatura* zur Kennzeichnung eines gesetzeskonformen und zeitlich begrenzten Ausnahmezustandes gebraucht hatte, unter den extremen Erfahrungen des 20. Jahrhunderts uneingeschränkt negativ besetzt war und deshalb auch lieber gemieden wurde.[35] Mit »Despotie« und »Absolutismus« sah es nicht besser aus. Hacks trug keine Scheu, unangenehme Wahrheiten auszusprechen und das Fortleben des in der Hand eines obersten Beamten konzentrierten Staates ausdrücklich und zustimmend zu thematisieren.

Hacks' unorthodoxes Bekenntnis zum Sozialismus wird aber noch an einem weiteren Aspekt deutlich: an der Stoffwahl. Schon Absolutismus und Bonapartismus sind nicht gerade sittlich vollkommene Vorläufer des Sozialismus – nun aber dienen als Gleichnis auch noch die »asiatische Produktionsweise« und die »orientalische Despotie«. Hacks spricht mehrfach vom Regeln der Bewässerung als wichtigster Aufgabe der

Staatsverwaltung, ja als Voraussetzung des von ihm gelobten Gemeinwesens – pointiert lässt er Darios formulieren: »Der Perser zwingt den Strom ins vorgeschriebene Wegnetz. / Der Wilde wartet fromm, und wenn er Glück hat, regnets.« (HW 4/208)

Marx ist (wenn auch mehr theoretisch-abstrakt als historisch-empirisch) – am intensivsten in dem Kapitel »Formen, die der kapitalistischen Produktion vorhergehn« aus den »Grundrissen der Kritik der politischen Ökonomie« – auf diese Produktionsweise und die ihr entsprechende Staatsform eingegangen.[36] Auch heutige Historiker, die von der pauschalisierenden Terminologie abgekommen sind und eher die konkreten – und durchaus differierenden – wirtschaftlichen, sozialen und politischen Verhältnisse der einzelnen Staaten untersuchen, heben als charakteristisch hervor: die patrimoniale Monarchie, die stark durchgegliederte und straff organisierte Wirtschaft, ein bis ins Letzte ausgefeiltes Finanz- und Verwaltungssystem, die einheitliche Leitung der Landwirtschaft (vor allem dort, wo sie nicht auf Regenbodenbau, sondern auf Bewässerungsbodenbau basierte), eine tributäre (d.h. auf Abgaben beruhende), mitunter sogar redistributive (auf Wiederverteilung ausgerichtete) Wirtschaftsform, den herausragenden Status der Beamten und die relativ geringe Rolle des Privateigentums.[37] Mit anderen Worten: Es handelt sich um eine Ordnung, die belegt, dass auch die (weitgehende) Vergesellschaftung der Produktionsmittel *nicht* eine klassen- und staatslose Gesellschaft, sondern im Gegenteil eine despotische Zentralgewalt mit einer ausgeprägten Bürokratie zur Folge hat.

Als nach und nach offenbar wurde, dass eine ebensolche Ordnung sich in der Sowjetunion herausbildete und dass die Engels'sche Deutung »dieser urwüchsigen kommunistischen Gesellschaft«[38] sich als höchst ambivalent erwies, ließ man den Begriff »asiatische Produktionsweise« fallen und reduzierte die Geschichte – in der Stalin'schen Formulierung aus »Über dialektischen und historischen Materialismus« vom September 1938 – auf »fünf *Grundtypen* von Produktionsverhältnissen: die Produktionsverhältnisse der Urgemeinschaft, der Sklaverei, des Feudalismus, des Kapitalismus, des Sozialismus«[39]. Die Problematik hat dann Ende der fünfziger Jahre Karl August Wittfogel wieder aufgegriffen[40]: einst der nach Georg Lukács führende Theoretiker des Bundes proletarisch-revolutionärer Schriftsteller und seiner Zeitschrift »Die Linkskurve«, später ein glühender Antikommunist, der die Parallelen zwischen der altorientalischen und der sozialistischen Gesellschaft herausstrich. Auch Rudi Dutschke und Rudolf Bahro haben, in polemischer Absicht, Parallelen zwischen asiatischer Produktionsweise und sowjetischem Sozialismus aufgezeigt – und noch 1989 ist Rolf Henrich in »Der vormundschaftliche Staat« im selben Sinne ausführlich auf die »asiatische Produktionsweise« und die »orientalische Despotie« eingegangen.[41] Hacks hat ebenfalls die Analogien namhaft gemacht – doch er tat dies nicht mit pejorativem Akzent.[42]

Im allgemeinen Bewusstsein galt lange die Stalin'sche Auffassung von den »fünf Grundtypen« – erst vom Ende der fünfziger Jahre an wurden auch in der marxistischen Wissenschaft die »Stromkulturen« im Hinblick auf eine gesonderte Produktionsweise untersucht (für breitere Leserschichten am deutlichsten fassbar in der »Weltgeschichte bis zur Herausbildung des Feudalismus«[43]). Dabei blieb im Einzelnen vieles umstritten[44] (selbst der Terminus erweist sich als nicht sonderlich glücklich; denn »asiatische« Züge lassen sich an den frühen Gesellschaften *aller* Regionen feststellen[45]) – und natürlich vermied man, im Unterschied zu Hacks, historische Parallelen.

Hacks' Bekenntnis zum Sozialismus – und jetzt komme ich über den »Prexaspes« hinaus zu einigen allgemeineren Überlegungen – hat kritische, ja provokante Züge. So hat er auf Formulierungen wie »Arbeiter- und-Bauern-Staat« oder »machtausübende Arbeiterklasse« verzichtet und sozialistische Politik als eine Balance zwischen dem Apparat und den Intellektuellen interpretiert – erstmals, verschlüsselt, in »Ekbal, oder: Eine Theaterreise nach Babylon« von 1961/62 und 1966, wo von einem Gleichgewicht zwischen »Lanzenreitern« und »Kunstschmieden« gesprochen wird, die beide für den Staat unentbehrlich und untereinander verfeindet seien,[46] zuletzt im Jahre 2000 in einem Aufsatz in der Zeitschrift »Kontakt«, in dem er ausführte, dass Stalin nur durch seinen bonapartistischen Absolutismus zwischen und über der Intelligenzija und dem Apparat eine sozialistische Großmacht und ein sozialistisches Lager habe schaffen können.[47] Diese Gleichgewichtspolitik, als deren Exponenten er im »Prexaspes« Darios vorstellt, hat er mehrfach verherrlicht – teils mit märchenhaften Zügen (in »Die Gräfin Pappel«), teils historisch verfremdet auf den französischen Absolutismus bezogen in dem Voltaire-Essay »Ödipus Königsmörder« von 1991.[48]

Nicht minder provokant sind seine ausdrücklichen Bekenntnisse zu Stalin und Ulbricht – und zwar vor allem aufgrund ihrer Gleichgewichtspolitik. Dabei soll nicht unerwähnt bleiben, dass Hacks kein bedingungsloser und vor allem nicht von Anfang an ein uneingeschränkter Verehrer Stalins war.[49] Die Konzeption, den Titelhelden des »Numa« gleichsam zu einem Stalin zu machen, ist erst in der zweiten Fassung von 2002 entwickelt worden – in der ersten Fassung von 1971 wurde die Lösung der Konflikte noch in einem souveränen ästhetischen Spiel gesucht.[50] Auch in dem Essay »Die deutschen Alexandriner« finden sich einige Vorbehalte, und der Darios im »Prexaspes« ist (wie schon dargelegt) eher ein idealer Herrscher der Nach-Stalin-Zeit. Nicht weniger bemerkenswert ist, dass die Zustimmung zu Stalin und Ulbricht bei gleichzeitiger Ablehnung Chruschtschows und Honeckers erfolgt. Entgegen der Verehrung *jedes* Ersten Mannes (solange er an der Macht ist) weiß Hacks von der Diskrepanz zwischen einer als »richtig« angesehenen politischen Richtung und ihren unvollkommenen Vertretern – allgemein und wiederum in historischer Verfremdung formuliert in »Ödipus Königsmörder«:

> »Was ist, wenn einer für eine Herrschaftsform einsteht, aber nicht für deren Vertreter? Was, wenn er einer Weltrichtung beistimmt und aber den Mann tadeln muß, der die Richtung nimmt? So mißlich dran war Voltaire mit seinem König. Er war ein Freund des Königtums und keiner des Königs.« (HW 14/516)

Inwieweit Hacks' Interpretation von Stalins und Ulbrichts Politik als Balance zwischen Apparat und Intelligenz oder seine Deutung der Honecker-Ära als einer Zeit der Mediokrität und des Verfalls *historisch* zutreffend ist, bedarf gewiss differenzierter Untersuchungen. Problematisch aber sind einige *konzeptionelle* Aspekte seines Geschichtsbildes. Die Affinität zum Absolutismus erscheint selbst als etwas Absolutes, als eine *Petitio principii*. Hacks fragt nicht nach der Produktivität dieser Ordnung – vielmehr weiß er von ihrer Gefährdung und benennt ihre Misserfolge.[51] Im Grunde muss sogar konstatiert werden, dass für ihn der

Faschismus zwar *politisch* etwas bis zur Indiskutabilität Verwerfliches ist, daß von einem derartigen Etatismus her aber die Abgrenzung zwischen »linken« und »rechten« Diktaturen *theoretisch* kaum möglich sein dürfte.

Gravierend ist weiterhin, dass Hacks von einer *so* hohen Abstraktionsebene aus urteilt, dass das Leid der Individuen innerhalb der politisch nicht unklug in Gang gesetzten Prozesse verschwindet. Wir haben bereits gesehen, dass Hacks auch Stalin nicht von seiner Kritik ausnahm, und die Herrschaft, die Darios im »Prexaspes« antritt, schließt – wie schon zitiert – sogar ausdrücklich die Beendigung des Mordens ein; der Perserkönig ist folglich der Prototyp eines zwar gewaltigen, aber nicht gewalttätigen Machthabers. Die Frage der Verbrechen aber bleibt in Hacks' Geschichtskonzeption ausgeklammert.

Ausgeklammert bleibt auch die Frage nach der Dauer. Am Ende des »Prexaspes« scheint eine Art Goldenes Zeitalter angebrochen zu sein; tatsächlich aber musste Dareios (wie er selbst beschreibt) erst zahlreiche Aufstände niederschlagen. Es folgten – wie wir wissen – seine Niederlage bei Marathon, das Scheitern seines Sohnes Xerxes, mit dem bereits der Niedergang der Achaimeniden-Herrschaft einsetzte, die Unfähigkeit, dem Ansturm der Makedonen unter Alexander dem Großen standzuhalten, und der sukzessive Übergang von der asiatischen zur feudalen Produktionsweise, das allmähliche Aufgehen der Dorfgemeinschaften in Großgrundbesitztümer. Gewiss ist ein Dichter nicht verpflichtet, den gesamten historischen Kontext mitzuliefern – dies tut auch Shakespeare nicht in Bezug auf die Tudor-Herrschaft –; doch kann auch nicht von der Tatsache abgesehen werden, dass Absolutismus und Bonapartismus nur Zwischen- und Übergangsphasen, keineswegs langwährende Gesellschaftssysteme gewesen sind.

Symptomatisch schließlich ist die Personalisierung der Geschichte. Im »Prexaspes« folgt auf Kambyses, den »falschen« Smerdes und Otanes ein souveräner Darios – in der Realität jedoch folgten auf Dareios Xerxes, auf Ludwig XIV. Ludwig XV. und auf Ulbricht Honecker – um von *deren* Nachfolgern zu schweigen.[52] Am Ende seines Lebens musste der Dichter gestehen, dass er nicht wisse, weshalb sich ausgerechnet im Schoße der Partei Missentwicklungen anbahnen.[53] Er sieht die Ursachen nicht in objektiven Prozessen, sondern im subjektiven Versagen. Letztlich hängt alles von dem Zufall ab, ob ein »guter« oder ein »schlechter« Politiker zur Macht gelangt. Hacks reduziert damit ein komplexes und kompliziertes Ursachengeflecht (ökonomische, soziale, politische, ideologische Situation, äußere und innere Widerstände) auf *einen* – wenn auch gewiss nicht unwichtigen – Aspekt.

Der »Prexaspes« zeugt von dem Bekenntnis des Autors zum Sozialismus und zugleich von seinem Bestreben, jeglichem ideologischen Pathos zu entgehen und den Realitäten Rechnung zu tragen. Das heißt: Er bezieht auch die Unterschiede zu den ursprünglichen Intentionen in sein Bekenntnis ein. Allerdings kann er die innere Problematik der sozialistischen Gesellschaft nicht verdrängen; ja, im Grunde und gegen den Willen des Dichters wird sie sogar entlarvt. Wenn Hacks – wie eingangs zitiert – als »Gegenstand der jüngsten Kunst« das »Verhältnis der Utopie zur Realität« bezeichnet, so trifft dies eben nicht nur den Realitätsgewinn, sondern auch den utopischen Gehalt – und Utopien existieren im Nirgendwo. Hacks deckte nicht wenige Mechanismen auf – doch er gestand sich nicht ein, dass diese Mechanismen letztlich das System *ad absurdum* führten. So konnte er nur den äußeren Untergang beklagen.

1 Peter Hacks: Jona. In: Ders.: Werke, Bd. 6. Berlin 2003. S. 403–487, hier S. 477. (Zitate und Verweise im Folgenden abgekürzt als HW, mit arabischer Band- und Seitenzahl.) Für Auskünfte über den Nachlass von Peter Hacks im Deutschen Literaturarchiv Marbach herzlichen Dank an Herrn Dr. Helmuth Mojem (vgl. Anm. 12, 31, 41).

2 Peter Hacks: Das Poetische. Ansätze zu einer postrevolutionären Dramaturgie. Vorwort. In: HW 13/5–11, hier S. 9 f.

3 Johann Wolfgang Goethe: Maximen und Reflexionen, Nr. 243. In: Ders.: Werke. Berliner Ausgabe. Berlin / Weimar 1960–1978, Bd. 18, S. 545.

4 Bertolt Brecht: Journal Dänemark. In: Ders.: Werke. Große kommentierte Berliner und Frankfurter Ausgabe. Berlin / Weimar / Frankfurt am Main 1988–1998, Bd. 26, S. 327.

5 Peter Hacks: Die Gedichte. HW 1/219; Heidi Urbahn de Jauregui: Zwischen den Stühlen. Der Dichter Peter Hacks. Berlin 2006.

6 Herodot 3,80,2.

7 Eine deutsche Übersetzung der Bisutun-(Behistun-)Inschrift findet sich bei M. A. Dandamaev: Persien unter den ersten Achämeniden (6. Jh. v. Chr.). Übers. von Heinz-Dieter Pohl. Wiesbaden 1976, S. 243–254 [Erstdruck russisch 1963].

8　Vgl. Josef Wiesehöfer: Der Aufstand Gaumatas und die Anfänge Dareios I. Bonn 1978, S. 67–73.

9　Vgl. Dandamaev, a.a.O., S. 108–241; Alexander Demandt: Die Ohren des falschen Smerdis. In: Iranica Antiqua 9 (1972), S. 94–101; Ders.: Darius und der »falsche« Smerdis 522 v. Chr. In: Das Attentat in der Geschichte. Hrsg. von Alexander Demandt. Köln / Weimar / Wien 1996, S. 1–14. – Zumindest deuten die Aufstände gegen Dareios im Jahre 521 darauf hin, dass zunächst einmal *er* als Usurpator betrachtet wurde.

10　Vgl. Dandamaev, a.a.O., S. 118 f.

11　Zu den Vorgängen vgl. neben den bereits erwähnten Büchern von Dandamaev und Wiesehöfer: Karl Reinhardt: Herodots Persergeschichten. Östliches und Westliches im Übergang von Sage zur Geschichte. In: Ders.: Vermächtnis der Antike. Gesammelte Essays zur Philosophie und Geschichtsschreibung. Hrsg. von Carl Becker. Unveränd. Nachdr. der 2., durchges. und erw. Aufl. Göttingen 1989, S. 133–174 (darin: Prexaspes, S. 153–156) [Erstdruck 1940]; Richard N. Frye: The History of Ancient Iran. München 1983, S. 96–102; Mabel L. Lang: Prexaspes and Usurpator Smerdis. In: Journal of Near Eastern Studies 51 (1992), S. 201–207; Heidemarie Koch: Der Aufstand des Gaumata und die ersten Schlachten des Dareios. In: Dies.: Achämeniden-Studien. Wiesbaden 1993, S. 49–60; Pierre Briant: Histoire de l'empire perse de Cyrus à Alexandre. Paris 1996, S. 109–127; Reinhold Biehler: Herodots Welt. Der Aufbau der Historie am Bild der fremden Länder und Völker, ihrer Zivilisation und ihrer Geschichte. Berlin 2001, S. 269–288.

12　Zur persischen Geschichte hat Hacks außerdem folgende Sekundärliteratur herangezogen: W. I. Awdijew: Geschichte des alten Orients. Berlin 1953 [Erstdruck russisch 1948]; Weltgeschichte in zehn Bänden. Hauptred.: I. M. Shukow. Bd. 2. Red.: S. L. Uttschenko. Berlin 1963 [Erstdruck russisch 1956]; Burchard Brentjes: Die iranische Welt vor Mohammed. Leipzig 1967. – Laut Brentjes sind die Vorgänge unklar; in den anderen beiden Büchern wird die Version Herodots überhaupt nicht problematisiert.

13　Vgl. Wiesehöfer: Aufstand, a.a.O., S. 77–122.

14　Laut Wiesehöfer, S. 117–119, handelte es sich *nicht* um eine Magierherrschaft.

15　Vgl. ebd., S. 43. – Von den bei Herodot erwähnten populistischen Maßnahmen steht in der Inschrift nichts.

16　Laut Wiesehöfer, S. 123–155, standen die Magier den Achaimeniden nahe.

17　Vgl. Weltgeschichte in zehn Bänden, a.a.O., S. 24.

18　Das Traummotiv spielt eher eine Nebenrolle. Vgl. Peter Hacks: Prexaspes. In: HW 4/181–254, hier S. 196 f.

19　Rolf Rohmer: Peter Hacks. In: Theater der Zeit 2/1975, S. 42–46, hier S. 46.

20　Dieter Krebs: Ein altes Muster kunstvoll geknüpft. »Prexaspes« von Peter Hacks im Kleinen Haus der Dresdner Staatstheater. In: Berliner Zeitung, 6./7. März 1976.

21　Bemerkungen zu »Prexaspes«. In: Material zum Theater. Beiträge zur Theorie und

Praxis des sozialistischen Theaters, Nr. 84. Reihe Schauspiel, H. 20. Berlin 1976, S. 37f., hier S. 38.

22 Heidi Ritter: Traditionsbeziehungen in Peter Hacks' »Prexaspes«. In: Wissenschaftliche Zeitschrift der Martin-Luther-Universität Halle-Wittenberg. Gesellschafts- und sprachwissenschaftliche Reihe 23 (1978) 2, S. 85–90, hier S. 90.

23 Christoph Trilse: Peter Hacks. Leben und Werk. Berlin 1979, S. 194–201.

24 Liane Pfelling: Eine barocke Opernpersiflage. »Prexaspes« von Peter Hacks im Deutschen Theater. In: Berliner Zeitung, 6. März 1979.

25 Urs Allemann: Die poetischen Rückzugsgefechte des Peter Hacks. Vom »Tassow« zum »Prexaspes«. In: Zum Drama in der DDR: Heiner Müller und Peter Hacks. Hrsg. von Judith R. Scheid. Stuttgart 1981, S. 177–192, hier S. 185f. [Erstdruck 1976].

26 Raymond Heitz: Peter Hacks. Théâtre et socialisme. Berne/Francfort s. Main/New York 1984, S. 170–183.

27 Peter Hacks: Die deutschen Alexandriner. Zu »Prexaspes«. In: HW 15/158–171, hier S. 159 ff.

28 »Es ist letztendlich kein unbekanntes Muster in der Staatskunst, daß einer von eben der Sache am wenigsten redet, die er am angelegentlichsten betreibt.« Vgl. HW 15/160. – Ebenso arbeitet in der zweiten Fassung von »Numa« der Titelheld für Italien »die ersten Züge einer diktatorischen Verfassung« aus, bereitet die »Ausrufung meiner Selbstherrschaft« vor und ist sich mit Lucia darüber einig, dass dieses Wort nicht verwendet werden darf. Vgl. HW 4/370. Vgl. auch Urbahn de Jauregui, a. a. O., S. 171.

29 Peter Hacks: Moritz Tassow. In: HW 3/85–202, hier S. 202.

30 Peter Hacks: Seneca-Essai. In: HW 15/226–237, hier S. 230.

31 Briefe vom 25. Juni 1965, vom 31. August 1967, vom 2. Oktober 1967, vom Neujahr 1968, vom 25. Januar 1968 und vom Frühjahr 1968.

32 Mit Kyros kann Lenin, mit Kambyses Stalin gemeint sein, und Darios verkörpert die Entwicklung von der terroristischen zur aufgeklärten Despotie. Vgl. Allemann, a. a. O., S. 186.

33 Vgl. Volker Riedel: Zur Kritik der Marxschen Philosophie. In: JahrBuch für Forschungen zur Geschichte der Arbeiterbewegung 2004/I, S. 122f.

34 Friedrich Engels: Herrn Eugen Dührings Umwälzung der Wissenschaft. In: Karl Marx / Friedrich Engels: Werke. Berlin 1956–1989, Bd. 20, S. 262.

35 Vgl. Riedel: Kritik, a. a. O., S. 118f.

36 Karl Marx: Grundrisse der Kritik der politischen Ökonomie. Berlin 1974, S. 375–413. – Vgl. auch: Ders.: Das Kapital. Dritter Band. In: Marx / Engels: Werke, Bd. 25, a. a. O., S. 799; Engels: Anti-Dühring. Ebd., Bd. 20, S. 163f.

37 Vgl. die Artikel »Wirtschaft«, »Sozialstruktur«, »Oikos-Wirtschaft« und »Palast« in: Der Neue Pauly. Enzyklopädie der Antike. Hrsg. von Hubert Cancik und Helmuth Schneider [Bd. 1–12] / In Verbindung mit Hubert Cancik und Helmuth Schneider hrsg. von Manfred Landfester [Bd. 13–15]. Stuttgart / Weimar 1996–2003, Bd. 12/2, Sp. 523–539 / Bd. 11, Sp. 762–773 / Bd. 8, Sp. 1137f. / Bd. 9, Sp. 168–185; weiterhin:

Horst Klengel: Hammurapi von Babylon und seine Zeit. Berlin 1976; Heidemarie Koch: Verwaltung und Wirtschaft im persischen Kernland zur Zeit der Achämeniden. Wiesbaden 1990; Josef Wiesehöfer: Das antike Persien. Von 550 v. Chr. bis 650 n. Chr. Düsseldorf 2005, S. 94–102, 109–114 [Erstdruck 1993].

38 Friedrich Engels in einer Anmerkung zur englischen Ausgabe des »Manifests der Kommunistischen Partei« von 1888 und zur deutschen Ausgabe von 1890. Vgl. Marx/ Engels, Bd. 4, a. a. O., S. 462.

39 J. Stalin: Fragen des Leninismus. Berlin 1955⁷, S. 749. – Vgl. Gianni Sofri: Über asiatische Produktionsweise. Zur Geschichte einer strittigen Kategorie der Kritik der politischen Ökonomie. Frankfurt am Main 1972, S. 99–127 [Erstdruck italienisch 1969].

40 Karl August Wittfogel: Die Orientalische Despotie. Eine vergleichende Untersuchung totaler Macht. Mit einem Vorwort zur Taschenbuchausgabe. Frankfurt am Main/Berlin/Wien 1977 [Erstdruck englisch 1957, deutsch 1961]. – Vgl. Sofri, a. a. O., S. 128–134.

41 Rudi Dutschke: Versuch, Lenin auf die Füße zu stellen. Über den halbasiatischen und den westeuropäischen Weg zum Sozialismus. Lenin, Lukács und die Dritte Internationale. Berlin 1984, S. 35–71 [Erstdruck 1974]; Rudolf Bahro: Die Alternative. Zur Kritik des real existierenden Sozialismus. Köln/Frankfurt am Main 1977, S. 57–140; Rolf Henrich: Der vormundschaftliche Staat. Vom Versagen des real existierenden Sozialismus. Reinbek 1989, bes. S. 15, 25, 27 f., 31, 37–59.

42 Dass Hacks mit der Problematik vertraut war, belegt seine Benutzung des Buches von Elisabeth Charlotte Welskopf: Die Produktionsverhältnisse im alten Orient und in der griechisch-römischen Antike. Ein Diskussionsbeitrag. Berlin 1957. Über den Unterschied zwischen orientalischer und caesaristischer Despotie äußert er sich auch im »Seneca-Essai«, HW 15/229 f.

43 Weltgeschichte bis zur Herausbildung des Feudalismus. Ein Abriß. Von einem Autorenkollektiv unter Leitung von Irmgard Sellnow. Berlin 1977. – Zum ersten Mal wurde in der DDR die Frage von Elisabeth Charlotte Welskopf, a. a. O., aufgegriffen Dabei behandelt die Verfasserin die unterschiedlichen Produktionsverhältnisse noch unter ständiger Berufung auf alle *vier* »Klassiker« und geht auf Stalins Negation der altorientalischen Eigentumsverhältnisse erst spät und diplomatisch »wohlverpackt« ein: Seine Bemerkungen träfen nur auf die griechisch-römische Antike zu. »Die Verhältnisse in den altorientalischen Despotien erwähnt Stalin nicht gesondert.« (S. 442) Dagegen hatte die »Weltgeschichte in zehn Bänden« ständig von Sklavenhaltergesellschaften gesprochen, und Awdijew, a. a. O., hat zwar die Rolle der Dorfgemeinschaften, des Gemeineigentums und der damit korrelierenden Konzentration des gesamten Grund und Bodens in der Hand des Despoten erwähnt, diese aber ebenfalls einer ersten Form der Sklavenhalterstaaten zugeordnet.

44 Vgl. Sofri, a. a. O., S. 142–170; Markus Oberlack: Das Präkoloniale Afrika und die Kontroverse um die »Asiatische Produktionsweise« in der DDR-Historiographie. Münster/Hamburg 1994, S. 5–38.

45 Bereits Friedrich Engels schrieb in der schon zitierten Anmerkung zur englischen

Ausgabe des »Manifests der Kommunistischen Partei« von 1888 und zur deutschen Ausgabe von 1890, »daß Dorfgemeinden mit gemeinsamem Bodenbesitz die Urform der Gesellschaft waren von Indien bis Irland«. Vgl. Marx / Engels: Werke, Bd. 4, a.a.O., S. 462.

46 Peter Hacks: Ekbal, oder: Eine Theaterreise nach Babylon. In: HW 9/43–76, hier S. 63 f. – Vgl. Urbahn de Jauregui, a.a.O., S. 170 f.

47 Vgl. Gottfried Fischborn / Peter Hacks: Fröhliche Resignation. Interview, Briefe, Aufsätze, Texte. Berlin 2007, S. 144 f.

48 Peter Hacks: Die Gräfin Pappel. In: HW 9/139–178, hier S. 151; Ders.: Ödipus Königsmörder. Über Voltaires Dramen. In: HW 14/451–522, hier S. 454 f. – Vgl. Urbahn de Jauregui, a.a.O., S. 168, 176 f., 182, 203, 205 f., 234, 264 f.

49 So schloss sein Lob für Ulbricht ausdrücklich dessen Bestreben ein, die DDR gegen den Willen der Sowjetunion zum sozialistischen Staat zu machen, und er vermerkte bitter, dass das »Abschieben nach dem Westen« bereits unter Stalin begonnen habe. Vgl. Urbahn de Jauregui, a.a.O., S. 190.

50 Vgl. Volker Riedel: Ein Plädoyer für »Numa«. In: In den Trümmern ohne Gnade. Festschrift für Peter Hacks. Hrsg. von André Thiele. Berlin 2003, S. 131–138; Ders.: Nachwort zu einem Plädoyer. In: Peter Hacks. Napoli 2005, S. 67–70. [Wiederabdruck:] Ders.: Literarische Antikerezeption zwischen Kritik und Idealisierung. Aufsätze und Vorträge, Bd. 3. Jena 2009, S. 383–391.

51 »Es gibt zwei Herrschaftsweisen, die gewachsenen und die hergestellten. Der Absolutismus gehört nicht zu jenen Regierungsformen, wo einfach der, der die Wirtschaft leitet, den Staat leitet, und der, der das Geld hat, die Macht hat. Im Absolutismus ist die Macht planmäßig, mit politischen Mitteln, eingerichtet. Insofern wirkt der Absolutismus nicht naturläufig. Er ist fortwährend bedroht und immer im Zustand der Verteidigung.« HW 14/454 f.

52 HW 14/bes. S. 456, 509 f., 516.

53 Urbahn de Jauregui, a.a.O., S. 246.

HEIDI URBAHN DE JAUREGUI
Hacks oder die Mitte.
Zum Staatsdenken von Peter Hacks

Diesem Beitrag hätte ich auch den Titel geben können: Hacks oder das Schnabeltier. Kurz vor seinem Tod berichtet Friedrich Engels einem Bekannten, wie er sich davon habe überzeugen müssen, dass es eierlegende Säugetiere gebe; er nannte als Beispiel das Schnabeltier. Er spricht über diese Entdeckung anlässlich der Feststellung, dass »die Einheit von Begriff und Erscheinung« sich darstelle als »unendlicher Prozeß«, will sagen, auch eine geschichtliche Benennung trete nur in Annäherung in die Erscheinung, und er kommt zu dem Schluss, die reine Ausprägung z.B. einer feudalen Gesellschaft habe es allenfalls im kurzlebigen Königreich Jerusalem des 11. Jahrhunderts gegeben.[1] Peter Hacks kommt zu dem gleichen Schluss, wenn er sagt, dass die reinen Zustände der Herrschaft der Grundrente (Adelsherrschaft), des Profits (Bürgerherrschaft) oder des Proletariats bisher kaum eingetreten seien, dass wir es hingegen allzumeist mit Übergangsepochen wie Absolutismus, Bonapartismus oder Sozialismus zu tun hatten, in denen mehrere gleichzeitig existierende Kräfte zum Wohl der Allgemeinheit von der jeweiligen Regierung in der Balance gehalten werden.[2] Balance war ein Lieblingswort der französischen Klassiker, und es nimmt nicht Wunder, dass Hacks im französischen Absolutismus das reinste Beispiel dieser »unreinen« Gesellschaftsform eines Macht-Patts ausmachte. Auch da ging Engels dem Dichter voran, indem er vom Absolutismus als einer Periode spricht, »wo die königliche Macht das Bürgertum gegen den Adel benutzte, um den einen Stand durch den andern in Schach zu halten«.[3]

Hacks überträgt Engels' späte Verfeinerungen der marxistischen Geschichtsanalyse auf seine neue Zeit. Dabei ist er keineswegs der Erste, der die Gesellschaftsform des Absolutismus mit dem Sozialismus vergleicht. In der ersten Hälfte des 19. Jahrhunderts hatte bereits Tocqueville eine solche Gleichsetzung vorgenommen. (Anders als Hacks galt dem aus dem Hochadel stammenden Franzosen allerdings dem Absolutismus und dem Sozialismus sein ganzer Hass. Er war ein Anhänger der alten feudalistischen und der neueren bürgerlich demokratischen Freiheiten.)[4] Hacks' Parallelsetzung von Absolutismus und Sozialismus erforderte aber einen neuen Klassenbegriff. Die marxistischen Klassiker benutzten diesen Begriff nur für eine vorrevolutionäre Zeit. Eine auf dem Ausgleich zweier Kräfte beruhende Regierungsform, deren Voraussetzung die Vergesellschaftung der Produktionsmittel ist, kann mit dem herkömmlichen Klassenbegriff nicht viel anfangen. Hacks war aber realistisch genug, um zu erkennen, dass auch in einer sozialistischen Gesellschaft verschiedene Kräfte gegeneinander arbeiten. Und die nennt er eben Klassen – ein etwas ungenau gebrauchter Begriff, denn er bezeichnet auch die herkömmliche Klasse, das Proletariat, weiterhin als solche. (Engels setzt dessen Aufhebung mit der fernen Aufhebung des Staates gleich, also für eine nachsozialistische, kommunistische Zeit.)

Ich brauche hier nicht zu wiederholen, was anderweitig schon dargelegt und auf den Punkt gebracht wurde.[5] Nur so viel: Es ist jenes Betonen eines Ausgleichs von Kräften im Sozialismus, das im Zentrum von Hacks' Werk steht, und es ist eben dies antidogmatische Denken, verkörpert in einer außergewöhnlichen Ästhetik, was neuerdings einige Hacksfreunde dazu verführt, im Dichter einen Mann ihrer Mitte sehen zu dürfen, ihn, was sie zu seinen Lebzeiten niemals gewagt hätten, für eine bürgerliche Rezeption gewissermaßen zu entpolitisieren oder besser, mit einem Hacks'schen Ausdruck, sein Werk »imperialismuskompatibel« zu machen. Leute, denen es schwer fällt, Dichtung zu entschlüsseln, verdanken nicht zuletzt André Thiele die Herausgabe der politischen Schriften des Dichters, die im Klartext sagen, wo der Dichter auch nach der Wende stand. Dort lesen wir die an Hans Heinz Holz orientierte editorische Notiz: »Es gibt keine Arbeiten dieses Mannes, die nicht politisch sind.«[6] Hacks selbst teilt uns dort mit, wie der Westen lange Zeit vergeblich bemüht gewesen sei, ihn zu sich herüberzuziehen. Es kann nicht darum gehen, Hacks' Werk aus seiner selbstgewählten Mitte an einen ihm fremden bürgerlich liberalen Ort oder in eine verquer linke Amüsierecke zu verbringen, vielmehr geht es um das Verstehen von dessen Schönheit und Gehalt, die ja beide aufs engste einander bedingen.[7]

Man könnte bereits in seiner schon in der BRD präsenten Vorliebe für »gekrümmte Formen der Wahrheit, singende Delphine und absolute Monarchen«[8] Vorformen seines späteren Sozialismusbildes ausmachen. Früh gab es das Drei-Kräfte-Spiel, früh das Beieinander von Ideologie und Lebensgenuss, früh die starke Hand, die das regiert.

Mit fünfundzwanzig Jahren schrieb Hacks sein »Columbus«-Stück, in dem bereits die Ingredienzen seiner Staatsidee vorkommen: die Dogmatiker der eingerichteten Gesellschaft, verkörpert durch den Hofadel, der Vertreter der weltpraktischen Neuerungen, will sagen, der Finanzfachmann und der Hof, an dem das zusammenkommt. Als störendes Element tritt das Genie auf. Nach seiner Übersiedlung in die DDR hat Hacks diese Kräfte in den verschiedensten Verkleidungen in seinen Dramen vorgeführt. Bisweilen gab er ihnen sogar so symbolhaft abstrakte Masken wie die des Engels und des Teufels und des darüber waltenden Gottvaters. (Die Rolle des störenden Genies nimmt hier das Menschenpaar ein.) Früh finden wir bereits die Eigenheit, dass zwar vor der Verselbständigung einer der beiden Seiten gewarnt wird, dass aber das deutlichere Missfallen des Dichters dem doktrinären Parteiapparat gehört, bzw. dessen Masken, also den Vertretern des Adels oder der Geistlichkeit. Das geht so weit, dass er im »Numa«-Drama aus zwei Vertretern des Politbureaus dümmliche Clowns und aus dem Engel in der »Adam-und-Eva«-Komödie einen borierten Jasager gemacht hat.

Sozialismus war für den Dichter das Gegenteil einer einmal erreichten dogmatischen Wahrheit, er sah in ihm vielmehr ein ständiges Denken in Widersprüchen, ein Sich-Bewegen auf eine höhere Stufe der Erkenntnis hin. Wie sehr er sich da mit den marxistischen Klassikern im Einklang befand, zeigt z.B. folgendes Zitat von Engels: »Aber die ganze Auffassungsweise von Marx ist nicht eine Doktrin, sondern eine Methode. Sie gibt keine fertigen Dogmen, sondern Anhaltspunkte zu weiterer Untersuchung [...]«[9] Nicht umsonst berief sich Hacks dabei auf Hegel, der Marx die Methode geliefert hatte.[10] Dies Andenken gegen die Erscheinung war es, was Hacks' Formulierungen oft den Anschein des Paradoxen gab. Doch zu minderem Preis war der Aufstieg zu vertiefter

Erkenntnis und entsprechendem Handeln nicht zu haben. Der Sozialismus war ja nichts Fertiges. Jede Form von Beharren und Stagnation musste gefährlich und schließlich tödlich sein. Im »Numa«-Drama heißt es: »Wenn wir für knappe Weile noch verhindern, / Daß was geschieht, geschieht, was uns nicht lieb wär.«[11] Hacks pflegte die Klassiker des Marxismus weiterzudenken, weit über die Revolution hinaus, so wie sie es verlangt hatten. Folgerichtig nannte er die grundlegenden Gedanken zu seiner Ästhetik: »Ansätze zu einer postrevolutionären Dramaturgie«.[12]

Spätestens da war ein Sich-Absetzen von Brecht manifest, spätestens da war der Sprung von einer marxistischen Aufklärung zu einer sozialistischen Klassik vollbracht. Es war Ende 1959, als er zum ersten Mal sein klassisches Programm formulierte. Er begann mit der Feststellung, wir befänden uns »in der Periode des Übergangs von der revolutionären Tradition auf die klassische Tradition«.[13] Für jene aber, die nun meinten, er sei damit im Begriff, sich auf eine beruhigte, etablierte Seite zu schlagen, sagte er im gleichen Essay, seine einzigen Antriebe seien »die Liebe zur Wahrheit und zur Revolution« (HW 13/29). Ferner beharrte er an gleicher Stelle darauf, dass das große Theater »immer Klassenkämpfe« behandle, ja es sei »aus Klassenkämpfen entstanden«. Er schreibe »in einer Zeit erdenweiter Klassenkämpfe«, in denen er »Partei nehmen« müsse. »Auch meine nächsten Stücke werden Partei nehmen.« (HW 13/29) In seinem nächsten Stück, dem Gegenwartsdrama »Die Sorgen und die Macht«, gibt es bereits die beiden Seiten – oder »Klassen«: die für eine bessere Produktivität eintretenden Fachkräfte und die bremsenden Vertreter der Partei. Es fehlt jedoch die Königsebene. Folglich kann das Ganze nur gerettet werden durch eine Theaterfinte, mit Hilfe des durch Liebe geläuterten Helden.

In seinem fast gleichzeitig entstandenen Erzählessay »Ekbal, oder: Eine Theaterreise nach Babylon« gibt der Dichter zum ersten Mal genauere Angaben zur Übergangsgesellschaft im Sozialismus. Auf die Frage »Wodurch blüht Babylon?« – alias die DDR – heißt die Antwort, es blühe dadurch, dass es einen König habe, welcher die Gilde der Kupferschmiede fördere. Ferner gebe es die Zunft der Lanzenreiter, denen bis vor kurzem die Macht allein gehört habe. Wer sind diese beiden seltsamen Gruppen? Die Lanzenreiter, steht da, verteidigten den babylonischen Staat gegen die menschenfressenden Kilikier im Westen.[14] Ich hatte in meinem Hacks-Buch irrtümlich hierfür das Proletariat eingesetzt, ohne zu bedenken, dass es ja die Macht der Partei übertragen hatte.[15] (Schließlich geht heute nicht mehr mit der Direktherrschaft des Urkommunismus zu leben.) Wir haben also die Parteifunktionäre darin zu sehen und in den Kupferschmieden, die den Staat »schön und bewohnenswert« machen, die Fachkräfte und Spezialisten aller Art. Der König sei für beide Zünfte, werde also von beiden gehasst. Doch unterstütze ihn jede Seite gegen die andere. So sei er seiner Herrschaft sicher.

Wir haben hier also deutlich das absolutistische System: den Adel, der einst für die Verteidigung der Bevölkerung zuständig war, dann das Bürgertum, das die Produktion vorantrieb, und über beiden das sie in Schach haltende absolute Königtum. Auf die DDR übertragen, sah er bekanntlich in Ulbrichts kluger NÖS-Politik das Austarieren zweier Kräfte, will sagen der Parteikader, die das gesellschaftliche Eigentum zu verteidigen hatten, und der Wirtschaftselite. Dazu lesen wir beim späten Engels, es gebe im Sozialismus »eine Wechselwirkung zweier ungleicher Kräfte, der ökonomischen Bewegung auf der einen Seite und der nach möglichster Selbständigkeit strebenden und, weil einmal eingesetzten, auch mit einer Eigenbewegung begabten neuen politischen Macht« auf der anderen Seite.[16] Ulbricht habe immer versucht, die allgemeinen Interessen der Menschen und ihren Egoismus zu verbinden. Dazu lieferte Hacks die Dramatik. Sein sozialistischer Held handelt aus Egoismus und aus Einsicht.

Vor allem aus diesem Grund bekämpfte Hacks alle linkssektiererischen Kräfte. Trotzkismus basierte in seinen Augen auf Weltfremdheit und neigte dahin, in sein Gegenteil umzuschlagen. Adepten eines Armutskommunismus rechneten ja nicht mit den Menschen. Eine sozialistische friedliche Gesellschaft sei, laut Hacks, nur bei zwei Voraussetzungen möglich: »bei vergesellschaftetem Eigentum und unter der Bedingung eines überquellenden Erzeugungsreichtums«[17]. Nur im Sozialismus könne es »die Aufhebung des Widerspruchs von Produktivität und Genuß« (HW 13/36) geben. Wenn er seinen Numa sagen lässt: »der Durst nach Vorrecht kann nicht anders getötet werden als ersäuft in Überfluß« (HW 4/329), so denkt man da wohl eher schon an eine fernere Zeit des Kommunismus. Sein Freund André Müller sagt zu ihm in dem

Zusammenhang, bei Überfluss im Kommunismus werden folglich »die einseitigen Haltungen wie Enthaltsamkeit und Sucht nach Reichtum« überwunden werden, »Kommunismus, das ist die Mitte, und in der Mitte, die ja beide unterschiedlichen Teile enthält, wohnt auch allein das sich weiterbewegende Prinzip«[18]. Wer da meint, Reichtum widerspräche einer marxistischen Gesellschaftslehre, der lese die marxistischen Klassiker, z. B. Engels, der sagt, Marx habe es »für ein Verbrechen« angesehen, »den Arbeitern etwas Geringeres als das Allerbeste zu bieten«[19].

Allerdings könne es eine reiche sozialistische Gesellschaft nur geben, so Hacks, wenn die stumpfsinnige Gleichmacherei zwischen qualifizierter und unqualifizierter Arbeit abgeschafft werde. Gebe der sozialistische Staat für die qualifizierte Arbeit keine angemessene Vergütung, so leiste er sich eine Menge »unbefreiter Produktivkraft«.[20] Besondere Leistung wird eben durch besondere Belohnung ermutigt. Auch zu einer schadenstiftenden Gleichmacherei hat sich der späte Engels geäußert: Der wirkliche Inhalt der proletarischen Gleichheitsforderung sei die Abschaffung der Klassen (will sagen Klassen einer kapitalistischen Gesellschaft, wo die besitzende Klasse die untere Klasse ausbeutet). Und er fährt fort: »Jede Gleichheitsforderung, die darüber hinausgeht, verläuft notwendig ins Absurde.«[21] Seinen Numa lässt der Dichter sagen: »Wir erstreben Gleichheit und Reichtum, aber wie soll sich Reichtum mit Gleichheit abfinden, und wie soll Gleichheit nicht gegen Reichtum kämpfen?« (HW 4/328) Die Lösung sei nur die Erzeugung einer unermesslichen Menge von Gütern. Nur wenn man alles haben könne, stürbe die Habsucht ab. Allerdings hält Hacks es für notwendig, dass in einem solchen Zukunftsstaat jedermanns Fähigkeiten herausgefunden und gefördert würden,[22] anders als Marx und Engels, die der Meinung waren, dass Spezialistentum abgeschafft werden solle, so dass jeder dann zu schier jeder Tätigkeit fähig sei.

Auch innerhalb der Partei habe eine kluge Regierung alle Flügelkämpfe zu neutralisieren. Er sei mit den Revisionisten ebenso verfeindet wie mit den Dogmatikern, sagte er 1978. Die einen strebten nach »Weite und Vielfalt«, die anderen nach »Enge und Einfalt«[23], so Hacks sarkastisch. In mehreren Dramen behandelt er diese Problematik der Rechts- wie Linksabweichung innerhalb der Partei. Die Gefahr besteht immer, dass sich beide Extreme verbünden gegen den Herrscher. In der »Adam-und-Eva«-Komödie ist es der Jasager-Engel, der Dogmatiker, der den Satanael, seinen Widersacher, nichtsahnend huckepack aus der Wüste ins Paradies zu Adam und Eva trägt. (Doch sollte man darin wohl auch die Verbindung zwischen Adel und Bürgertum gegen den König sehen. Mit dieser Fronde hatte bekanntlich die Französische Revolution begonnen.) Hacks lobt jeden Staatsmann, dem es, wie Lenin, Stalin oder Ulbricht gelang, Flügelkämpfe zu neutralisieren. Eine Staatsspitze, die sich mit einer Seite verbindet, ist verloren, so wie Louis XVI. verloren war, als er sich mit dem Adel verbündete. Der Unterschied ist allerdings, dass die beiden Flügel einer Partei nun wirklich nicht als Klassen zu bezeichnen sind. Man sollte sich wohl hüten vor jeder allzu schematischen Gleichsetzung von historischen Erscheinungen. So pflegten es z. B. die marxistischen Dogmatiker zu sein, welche einem strengen Egalitarismus huldigten, während zum Wesen ihres Pendants in Hacks' Werk, nämlich des Adels, das Elitebewusstsein mit seinen Konsequenzen gehörte. Doch haben auch Marx und Engels immer wieder Parallelstrukturen in der Geschichte aufgesucht, um die Gegenwart zu erklären.

Wenn nun der Dichter seinem Numa in den Mund legt: »[...] wenn es auch länger als fünfzig Jahre her ist, aber wir Kommunisten haben tatsächlich einmal für die Vernunft gekämpft« (HW 4/343), so liegt darin eine scharfe Kritik der sozialistischen Gegenwart. Sie steht Lenins Mahnung an seine Genossen in nichts nach, sie würden die Partei bald zugrunde richten, wenn sie »nur die gehorsamen Dummköpfe« in ihr ließen.[24] War Lenin ein schlechter Marxist? So kämpfte auch Hacks gegen alles an, was den Sozialismus in seinem Land schwächen musste. Er wollte nicht die Partei und das Politbureau abschaffen, er wollte deren Fehler abschaffen. Dass jene in erster Linie die sozialistischen Produktionsverhältnisse zu garantieren hatten, war für ihn die Voraussetzung. Wenn da neulich zu lesen war, der Senator Buddenbrook hätte sich in Hacks' DDR wohlgefühlt[25], so ist dazu zu sagen: Er wäre in Hacks' DDR erst einmal enteignet worden. (Warum aber sein Erfinder nicht enteignet worden wäre, das braucht hier wohl nicht erläutert zu werden.)

1976 war die erste Version seiner »Numa«-Komödie entstanden.[26] Dazu sagte er, sein Ziel sei der mittlere, nicht der durch Einseitigkeit beschränkte Held gewesen. (Er machte ihn bekanntlich in der zweiten Fassung zum Alleinherrscher.) Für seine postrevolutionäre Dramatik kommt also der Herrscher in Frage, dessen Wahrheiten nicht auf der Mitte von zwei Unwahrheiten wohne. Die Mitte des Sowohl-als-auch oder des Einerseits-Andererseits habe nichts mit Kommunismus zu tun. Dessen Wahrheit wohne »in der Mitte der Wahrheit«.[27] Marx sagte dazu (apropos Proudhon):

>»So quält sich diese Vernunft in stets neuen Widersprüchen ab, bis sie am Ende dieser Widersprüche anlangt und merkt, daß alle Thesen und Synthesen nichts anderes sind als sich widersprechende Hypothesen.«[28]

Dagegen setzt der Philosoph die »Zeugungsarbeit« des wahren Kampfes von Ja und Nein.

Es bedürfe nun einer Kraft, die die gegensätzlichen Möglichkeiten in der Gesellschaft in Betracht ziehe. Es kam ja nicht nur darauf an, z.B. den Dogmatimus der Verwaltung abzubauen. Es sei das »Bremsen« ja »keine unnütze Beschäftigung, wenn ein Fahrzeug sich in der Richtung des Straßengrabens« (HW 15/158) bewege, so Hacks. Von Hegels Wort, dass das Wahre nur das Ganze sei, hat der Dichter niemals abgelassen.

Hacks war, was leider viele Verantwortliche in der DDR aufgehört hatten zu sein, ein dialektischer Denker. »Die Dialektik«, so lesen wir bei Engels, sei »weiter nichts als die Wissenschaft von den allgemeinen Bewegungs- und Entstehungsgesetzen der Natur, der Menschengesellschaft und des Denkens.«[29] Diese Gesetze der ständigen Bewegung, des Austarierens der widerstreitenden Kräfte, liegen der Ästhetik des Dichters zugrunde. Das Drama sei die Gattung für das Gleichgewicht, Gerechtigkeit sei »Boden des Dramas«[30]. Auf der relativen Rechtsgleichheit zweier Parteien, meinte Hacks, beruhe die exemplarische Schönheit der alten Tragödie. Sein Ziel in einer zukunftsträchtigen Zeit war es, diese Schönheit auch in der Komödie zu erreichen. Dazu hatte der Dichter, wie der Herrscher im Staat, den hohen Standpunkt einzunehmen, der »die Draufsicht auf die Widersprüche« (HW 13/331) erlaubt. Das war die Vorbedingung für jene »Gipfelpunktästhetik«[31], wie sie bereits Lukács proklamiert hatte. Die war aber in seinem Staat immer schwieriger herzustellen, bei einer Politik, die in Einseitigkeit verkam. Hatte Hacks lange Zeit Sorge gehabt, dass man wieder zu der allzu einfachen Ästhetik eines sozialistischen Realismus zurückkehren wolle, so musste er in den letzten Jahren der DDR Zeuge sein, wie sich auch in seinem Land mehr und mehr eine am Westen orientierte Niedergangskunst etablierte. Seine Kunst lag nicht auf der Mitte zwischen diesen beiden Extremen, sondern sie hielt sich weit über dieser Mitte. Doch nachdem auch das kulturelle Umfeld in Einseitigkeit verkommen war, wurde es schier unmöglich, noch eine Kunst mit klassischem Anspruch herzustellen. Mit seinem sozialistischen Land kam ihm vollends die Grundbedingung für seine Ästhetik abhanden. Da war nun nichts mehr gegeneinander abzuwägen und von einem oberen Standpunkt aus in Betracht zu ziehen.

Es gab eine weitere Frage, in der sich Hacks mit Ulbricht einig wusste: in der Zeit- oder Tempofrage. Ulbricht war der einzige Politiker nach Stalin, der wagte, den Sozialismus als eine langandauernde Übergangsphase bis zum Kommunismus zu bezeichnen. Er nannte den Sozialismus »eine relativ selbständige sozialökonomische Formation in der historischen Epoche des Übergangs zum Kommunismus im Weltmaßstab«.[32] Die Diktatur des Proletariats hielt Hacks für einen Ausnahmezustand. (Übrigens warf er seiner Regierung vor, gegen die Konterrevolution nicht den Ausnahmezustand geltend gemacht zu haben. Schließlich sei das Proletariat bewaffnet gewesen.[33]) Schon in seinem Jugenddrama »Columbus, oder: Die Weltidee zu Schiffe« hatte er eine Übergangsphase von einer Gesellschaftsstufe in die andere in den Mittelpunkt gestellt. Und noch in der »Jona«-Tragödie legt er Wert darauf, dass man erkenne, wie er aus dem Propheten, dem »idealen Entwurf für Ungeduld«, ein Beispiel für höchste Geduld geschaffen habe.[34] Er schrieb damit auch gegen die Voraussage der marxistischen Klassiker an, der Moment des allgemeinen Zusammenbruchs des Kapitalismus und die Heraufkunft des Kommunismus treffe schon in baldiger Zukunft ein. Sie leiteten das ab aus den rapiden Fortschritten der Produktivkräfte, die zu den Produktionsverhältnissen in Widerspruch geraten würden,[35] ohne jedoch zu erwägen, dass die Macht der gewohnten Produktionsverhältnisse länger als gewünscht mit den neuen Produktivkräften wachsen würde. Wenn der Dichter nun kritisiert, Marx' Hoffnungen in Bezug auf die Geschwindigkeit der Geschichte seien »Selbsttäuschungen« gewesen, und die Frage »Wann?« sei die Frage, die man Marx besser nicht stelle,[36] so muss man nach der »Wende« hinzufügen, man stelle sie auch Hacks besser nicht. Er rechnete in Kürze mit einem erneuten Sieg des Sozialismus über den imperialistischen Westen. Man sollte, denke ich, die Zeitfrage überhaupt nicht stellen, sollte da weder bei Marx noch bei Hacks, noch bei Georg Fülberth[37] anklopfen. Sie ist ebenso unfruchtbar wie die Frage nach dem Grund unseres Lebens. Wir leben – machen wir das Beste daraus und gebrauchen unsere Zeit nach Kräften zu unserem Nutzen und zu dem unserer Nachkommen. Die Zeitfrage beantwortet sich handelnd, und in diesem Sinn hat Peter Hacks sie gültig beantwortet.

1   Brief an Conrad Schmidt, 12. März 1895.
2   Peter Hacks: Über eine Goethesche Auskunft zu Fragen der Theaterarchitektur. In: Ders.: Werke, Bd. 13. Berlin 2003, S. 308–333, hier S. 316. (Zitate und Verweise im Folgenden abgekürzt als HW, mit arabischer Band- und Seitenzahl.)
3   Friedrich Engels: Anti-Dühring, 2. Abschnitt, Gewalttheorie. In: Karl Marx / Friedrich Engels: Werke, Bd. 20. Berlin 1956 ff.
4   Heidi Urbahn de Jauregui: Tocqueville – der Edelmann und die neue Zeit. In: Topos 24 (2005).
5   Felix Bartels: Miteinandersichabfinden. In: junge Welt, 21. Juni 2008.
6   Peter Hacks: Am Ende verstehen sie es. Politische Schriften 1988–2003. Berlin 2005, S. 209.
7   Jens Mehrle: Der insgeheime Hacks. In: Argos 3 (2008), S. 241–266.
8   Peter Hacks: Die Entstehung des »Herzog Ernst«. In: HW 15/119–126, hier S. 126.
9   Brief an Werner Sombart, 11. März 1895.
10 Zwar behauptet Marx (Nachwort zur 2. Auflage des 1. Bandes vom »Kapital«): »Meine dialektische Methode ist der Grundlage nach von der Hegelschen nicht nur verschieden, sondern ihr direktes Gegenteil«, doch das bezieht sich nicht auf den in Widersprüchen sich bewegenden Ansatz des Denkens, sondern auf die Schlüsse, die Marx daraus zieht.
11 Peter Hacks: Numa. In: HW 4/305–371, hier S. 307.
12 Peter Hacks: Das Poetische. In: HW 13/5.
13 Peter Hacks: Versuch über das Theaterstück von morgen. In: HW 13/20–37, hier S. 34.
14 Peter Hacks: Ekbal, oder: Eine Theaterreise nach Babylon. In: HW 9/43–76, hier S. 63 f.

15 Heidi Urbahn de Jauregui: Zwischen den Stühlen. Der Dichter Peter Hacks. Berlin 2006, S. 170.
16 Brief an Conrad Schmidt, 27. Oktober 1890.
17 Peter Hacks: »Jona«, Beiwerk und Hintersinn. In: HW 15/291–301, hier S. 300.
18 André Müller sen.: Gespräche mit Hacks 1963–2003. Berlin 2008, S. 159.
19 Brief an Conrad Schmidt, 5. August 1890.
20 Peter Hacks: Die deutschen Alexandriner. Zu »Prexaspes«. In: HW 15/158–171, hier S. 161.
21 Engels, Anti-Dühring, a.a.O., 1. Abschnitt, Philosophie, X. Moral u. Recht. Gleichheit.
22 Vgl. Müller, Gespräche, S. 198.
23 Ebenda, S. 182.
24 Brief an Sinowjew: »Werdet Ihr alle nicht gefügigen, aber klugen Leute wegjagen und Euch nur die gehorsamen Dummköpfe lassen, so werdet Ihr die Partei bestimmt zu Grunde richten.«
25 André Thiele: »Als Thomas Mann ein Licht aufging«. In: Frankfurter Allgemeine Zeitung vom 23. August 2008.
26 Peter Hacks: Sechs Dramen. Düsseldorf 1978, S. 85–179.
27 Peter Hacks: Numa oder die Mitte. In: HW 15/175–183, hier S. 177ff.
28 Karl Marx: Das Elend der Philosophie; siehe auch: K. M., Brief an J. B. v. Schweitzer, 24.1.1865; siehe dazu auch: H.U.J., Zwischen den Stühlen, S. 76
29 Engels, Anti-Dühring, a.a.O., 1. Abschnitt, Philosophie, XIII. Dialektik. Negation der Negation.
30 Peter Hacks: Lyrik bis Mitterwurzer. Vorwort. In: HW 13/129–137, hier S. 131.
31 Müller, Gespräche, S. 209.
32 Ebenda, S. 373, Fußnote.
33 Hacks, Am Ende verstehen sie es, S. 41 u. S. 159.
34 Peter Hacks, Brief an die Autorin, 20. Februar 1988, unveröffentlicht.
35 Vgl. z.B. Marx, a.a.O., Bd. 13, S. 9: »Auf einer gewissen Stufe ihrer Entwicklung geraten die materiellen Produktivkräfte der Gesellschaft in Widerspruch mit den vorhandenen Produktionsverhältnissen [...] Aus Entwicklungsformen der Produktivkräfte schlagen diese Verhältnisse in Fesseln um. Es tritt dann eine Epoche sozialer Revolutionen ein.«
36 Hacks, Am Ende verstehen sie es, S. 41.
37 Peter Hacks: Georg Nostradamus oder Professor Fülberths Vorhersage. In: HW 13/540–553.

UTE BAUM

Der Maler des Königs

– bezeichnet als Komödie, hat drei handelnde Personen: François Boucher, Jean-Honoré Fragonard und Louise O'Murphy, das »Stück erzählt geschichtliche Tatsachen, einige davon wahrheitsgemäß«.[1]

Als Drama ist es eigentümlich, denn es enthält zwar einen Konflikt, einen ernsten und grundsätzlichen, aber nicht zwischen den auftretenden Figuren, so dass wesentliche, den Konflikt ausmachende oder beeinflussende Vorgänge per Bericht eingefügt werden.

Die Bühnenhandlung besteht darin, dass eine Figur zu den beiden anderen zu Besuch kommt, dass sich nach einiger Zeit herausstellt, warum, nämlich dass dem seelischen Gleichgewicht, gar dem Lebenswillen des Helden Boucher ein schlimmer Schlag droht, der wird dann durch einen Zufall abgewendet, daraus ergibt sich, vage angedeutet, eine Wende in Bouchers Leben.

Vor der dreiaktigen Handlung steht ein Vorspiel. Das spielt, als Boucher »fünfzig« Jahre alt, sein Schüler Fragonard »über zwanzig« und Louise O'Murphy »über vierzehn« (HW 7/107) ist, anzunehmen 1752, nach der Datierung des Gemäldes »Die blonde Odaliske«, das hier Louis XV. vorgestellt und das Modell, die kleine Louise, ihm für seinen Puff übergeben wird. Weiter ereignet sich Bouchers Ernennung zum Direktor der königlichen Akademie der Künste und zum Ersten Maler des Königs, alles im Rahmen eines glanzvollen Festes, das Boucher zu Ehren des Königs gibt.

Hacks appelliert an die aufführenden Theater, für dieses Fest keinen Aufwand zu scheuen, um es als von überwältigender Pracht erscheinen zu lassen. Die ersten Sätze des Vorspiels sind:

»FRAGONARD: Meister, ist wahr, daß Sie sich diesen Empfang
die Einkünfte eines Jahres haben kosten lassen?
BOUCHER: Für meinen König ist mir nichts zu teuer.
FRAGONARD: Aber Sie werden es wieder hereinbekommen?
BOUCHER: Gewiß. Aber das ist nicht der Grund, aus dem ich es
tue.
FRAGONARD: Was ist der Grund?
BOUCHER: Für das Glück, in einem Heilen Ganzen zu leben,
ist einem Künstler kein Preis zu hoch.« (HW 7/107)

1752 empfindet Boucher also, dass er »in einem Heilen Ganzen« lebt, nur 37 Jahre bevor eine verelendete, zum Äußersten getriebene Bevölkerung die Bastille stürmen wird. Das Ancien Régime, von den besten Geistern Frankreichs ein Jahrhundert lang bekämpft, inzwischen zum Begriff für Überlebtes und Abzuschaffendes geworden, dieses Ancien Régime empfindet Boucher als ein Heiles Ganzes und hüllt es in den goldenen Schimmer seiner Kunst.

Hier ist zu notieren: Mit dem Grundsatz des kritischen, gar des sozialistischen Realismus, dass die gesellschaftliche Situation, wie immer der spezielle thematische Ansatz eines Werkes sein möge, in jedem Fall treffend abzubilden ist, ganz zu schweigen von Brechts Forderung, sich bei allem, was man darstellt, an der Lebenslage der ausgebeuteten Mehrheit der Bevölkerung zu orientieren, ist Hacks nicht beizukommen.

Nun hieße es natürlich, offene Türen einzurennen, wenn man hier, in der Hacks-Gesellschaft, *expressis verbis* anmerken wollte, dass auch Hacks zwischen gesellschaftlichem Freund und Feind unterschied, und oft sehr militant. Aber er tat es auf andere Weise, mit Hilfe anderer Topoi.

Einer davon wird im Vorspiel angezeigt. Boucher antwortet auf eine lobende Anrede der Pompadour: »Das Gesäß einer Frau ist von allen Gegenständen der erstrebenswerteste. Ich sage das als Maler und Franzose« (HW 7/109 f.) – auch wenn man gut feministisch »und als Mann« hinzufügt, geht der Satz zunächst als galante Floskel zu einem Auge rein, zum anderen raus. Drehen wir die Gleichung einmal um: Der schöne Hintern = das Erstrebenswerte – zu: das Erstrebenswerte = der schöne Hintern, dann haben wir einen Anhaltspunkt für die Interpretation.

Die eigentliche Handlung spielt 35 Jahre nach dem Vorspiel (Regieanweisung), also um 1787. Hierin besteht die einzige starke Abweichung von den historischen Fakten. Der historische Boucher ist 1770 gestorben, 67-jährig, noch zur Regierungszeit Louis' XV., während Hacks ihn 84 werden und unter Louis XVI. leben lässt. Hacks hat damit Entwicklungen, die sich in Bouchers letzten Lebensjahren abzeichneten, hochgerechnet. Wenn Boucher statt 67 statt 84 geworden wäre, dann würde sein Leben *so* ausgesehen haben: in äußerster Armut, untätig, abgeschieden, auf einem Dachboden, umstanden von seinen an den Wänden gestapelten Werken, versorgt von Louise O'Murphy, von deren zwei Berufen Modell und Prostituierte nur der Letzere noch ausübbar ist, in sehr beschränktem Maß. Nicht dass Boucher in Armut geriet, weil er nicht mehr zu malen fähig gewesen wäre, vielmehr verlor er die Möglichkeit zu malen, nachdem seine Bilder auf dem Markt nicht mehr akzeptiert wurden. Handelt es sich um das bis in die Trivialkunst hinein geläufige Paradigma vom alternd aus der Gefälligkeit hinausreifenden Genie, das sich mehr und mehr als zu rau, dunkel, disharmonisch für das große Publikum erweist?

Aber nein, eher das Gegenteil, Bouchers durch die Lüfte in die Seligkeit hinantanzenden Engelchen, sein rosiges Licht auf jugendlich schönen, glückssüchtigen Körpern, *das* ist in des Publikums Ungnade gefallen. Ein Bäcker weigert sich, ein Werk von Boucher in Zahlung zu nehmen, aus Angst, derart Unzüchtiges könnte ihm geschäftliche Nachteile bringen (HW 7/116)! Wohlgemerkt, es handelt sich bei dem Gegenstand des kleinen Bildes um ein Gebäckstück, der Kleinunternehmer redet tatsächlich von Pinselstrich und Farbgebung, also von Kunst.

Boucher und der zu Besuch gekommene Fragonard, als sein Schüler ebenfalls ein Abqualifizierter und Ausgesonderter, erörtern die Symptome der Veränderung: »Der Geschmack wandelt sich« (HW 7/118), und »daß die jungen Damen von heute der Tugend anhängen, weil sie alles Exzentrische lieben« (HW 7/120), von »Nörglern« (HW 7/136) ist die Rede, die alberne Moden aufbringen ... Den in der Polemik gegen ihn pinsel- und federführenden Jacques Louis David nimmt Boucher nicht ernst, weil er ihn für eine ephemere Erscheinung hält. David malt staatsbürgerlich Bewegte, die herumstehen wie, findet Boucher, gefrorene Rinderhälften.

»David ist eine Mode und geht vorüber […] Was schiert es uns, es betrifft ja nicht die Kunst.« (HW 7/137f.) Einen neuen Beweis dafür liefert ihm Fragonard, der als Nachttopfentleerer arbeitet und bemerkt hat, dass sich unter den Geschirren eine Menge Bouchers und Fragonards finden, aber nie Davids.

»BOUCHER Ich sage es immer, David erfüllt kein echtes
Bedürfnis. Was er macht, ist das Allerüberflüssigste: Kunst
für Museen. […]
Die ganze Revolutionskunst, nicht wahr, ist durch Ihre Nachttöpfe widerlegt.« (HW 7/117)

Boucher und Fragonard reichen einander Beobachtungen und Argumente zu, sie hatten genügend Zeit und Anlässe, über ihre Lage nachzudenken, aber letztlich sind sie außerstande zu verstehen, was vorgeht.

»FRAGONARD Die Menschen wollen keine Frauen mehr
sehen. Über Nacht ist es in sie gefahren. Wie ist es möglich? Es ist nicht möglich, daß die Menschen keine Frauen
mehr sehen wollen. Es ist unmöglich, und es ist unmenschlich. Die Menschen können nicht aufhören, Menschen zu sein […]
Ich verstehe die Welt nicht. Ich hasse es, die Welt
nicht zu verstehen.« (HW 7/136)

Mit diesem Unbegreiflichen konfrontiert, ist für Boucher der Hauptfeind nicht wirklich David, der die Vernunft malt.

»BOUCHER Ich habe gar nicht sehr viel gegen die Vernunft,
aber sie eignet sich einmal nicht zur farblichen Umsetzung.
Es ist, wie ich einmal sagte, nicht vernünftig, die Vernunft
zu malen.
FRAGONARD Sondern weibliche Hinterteile.
BOUCHER […] ich stimme dir zu, Kleiner. Weibliche Hintern,
das ist vernünftig.« (HW 7/135f.)

– Und durch unsere Nachfahrenköpfe geistert des Vers Brechts »er ist vernünftig, jeder versteht ihn«. Wem aber gilt Bouchers Hass, den er »nicht leichtfertig« (HW 7/121) vergibt? – Greuze. Jean-Baptiste Greuze,

20 Jahre jünger als Boucher, der als dessen Bewunderer begonnen hatte, der lernte, Haut und Fleisch zu malen, so wie Boucher und Fagonard es konnten. Nun malt er Runzeln und Fleisch im Altersverfall. Er nutzt die Malweise, die Lebenslust in rosigem Licht erglänzen ließ, zum Anschwärzen der Lebenslust. Eine von Greuze verfasste Beschreibung seines neuesten Gemäldes lesen Boucher und die Seinen, lesen sie brüllend vor Lachen, Boucher mit wachsender Wut:

> »Der Titel lautet ›Die Frau des Behinderten
> oder Die eheliche Dankbarkeit‹ […]
> Der leidende Gatte, dieser beredte und rührende Greis …
> […] Diese entstellten und tränenden Augen, dieses graue Haar und welke Fleisch, besonders die unzähligen Runzeln in der Gegend des Halses …
> […] Der Pinsel des Boucher, den keiner mehr kennt, war der Ausschweifung geweiht.
> […] Die wahre Kunst hat nur eine Sprache: die Sprache der Sittlichkeit und des Herzens.« (HW 7/140 f.)

Bouchers Zorn erwächst daraus, dass Greuze die Sinnenlust abfällig behandelt, frömmlerisch behauptend, was Menschen zueinander zieht, sei an Körperlichkeit nicht gebunden. Nun erlebt man doch aber in der Handlung, die im Drama den Part des Objektiven gegenüber dem Subjektiven der Figurentexte innehat, dass es das sehr wohl gibt: Zunächst die in Dankbarkeit und Verehrung begründete Treue O'Murphys gegenüber Boucher, die sie ihre ärmlichen Einkünfte mit ihm teilen lässt.

Ausführlicher noch die Handlung der jugendlich zarten Verliebtheit zwischen dem ältlichen Fragonard und der 50-jährigen O'Murphy, eine für die zentrale unwesentliche, also speziell eingeführte Nebenhandlung. Der 20-jährige Fragonard hatte für das 14-jährige Mädchen geschwärmt, sie war unerreichbar geworden. Nun knüpfen die beiden an ihre damalige Neigung an, sagen einander Freundlichkeiten, Fragonard behagt es nicht, wenn O'Murphy sich, ihrem Broterwerb nachgehend, für ihren Stammkunden in die Nuttenmontur wirft. Und schließlich, als O'Murphy endlich Erfolg gehabt hat beim Stammkunden, alle drei sich auf ein gutes

Essen freuen, bringt sie stattdessen in ihrem Einkaufskorb ein kleines Bild vom Trödler, einen »echten Fragonard« (HW 7/156) für den Autor, der nichts von seinen Werken mehr besitzt außer einem gestohlenen Nachttopf. Seine Freude ist es ihr wert, dass sie alle den dritten Tag hungrig bleiben. – Aber als Gegenstand von Greuzes Bild hatten sie alle über eine ähnlich geartete Beziehung vor Lachen geschrien. Offenbar besteht ein Unterschied zwischen dem, was es gibt, und dem, was gemalt werden kann. Oder soll. Etwas ist real, aber zum Ideal erhoben widerwärtig? »Zum Genie gehört, daß man bestimmte Dinge sich zu können weigert« (HW 7/115), sagt Boucher. Das Leben darstellen? – Offenbar nicht nur oder nur unter Umständen? Oder etwa gar nicht? »Was ich im Kopf trug, war das Leben. Das Leben bemühte sich, mich nachzuahmen.« (HW 7/149) Man versteht: Nicht das Mangelhafte an sich, das Akzeptieren, gar das Verklären des Mangelhaften ist, was den Hohn der Gesprächsrunde hervorrief. Die Ideologie der Genügsamkeit ist die Stelle, wo der Riss durchs Tischtuch geht.

Am Ende des zweiten Aktes kommt die Erklärung, warum Fragonard, der seinen Meister 15 Jahre nicht besucht hatte, um es ihm zu ersparen, dass er im Elend gesehen wird, eben jetzt doch gekommen ist. Für den nächsten Tag steht ein alles vollendender Triumph Greuzes bevor, der das Maß der Unbill, die der alte Mann ertragen kann, vollmachen könnte, da will Fragonard ihm beistehen. Greuze hat sich einen Besuch des Königspaars in seinem Atelier arrangieren lassen und erhofft sich davon die Sanktionierung jenes neuen Gemäldes und seine Ernennung zum Direktor der Kunstakademie. An diesem Entscheidungstag – Boucher in schwärzester Melancholie – trifft Fragonard geheimnisvoll vergnügt ein und enthüllt dann Boucher und O'Murphy, dass Greuze in hohem Bogen auf die Schnauze geflogen ist. Anders nicht auszudrücken. »Künstlerischer Misserfolg« träfe es in keiner Weise, »eine Niederlage hinnehmen müssen« gehört auf eine andere Stil- bzw. Gesittungsebene. Was Fragonard genüsslich kolportiert, ist eine haarsträubende Story in der Art altfranzösischer *Contes drolatiques*: Greuze hatte den Besuch des Königs über seine Frau und deren Liebhaber herbeiführen lassen, ihr aber nicht so weit getraut, sie den ausgemachten Zeitpunkt wissen zu lassen. Frau Greuze, ihren Mann sicher abwesend glaubend, bestellt den

Liebhaber ins Atelier, wo die beiden älteren Leute, entblößt und heftig miteinander beschäftigt, von König und Gefolge überrascht werden. Der Skandal ist sehr groß, Greuzes Fall sehr tief, Boucher und O'Murphy selig vor Schadenfreude. Schadenfreude ist nicht wählerisch. Dennoch, es ist ja nicht so, dass der König die Schmonzette von Bild abgelehnt hätte. Indem der Vorfall trotzdem solches Gewicht in der, wie gesagt, »nicht leichtfertig« (HW 7/121) vergebenen Künstlerfeindseligkeit besitzt, stellen sich Fragen.

Hier ist anzumerken, dass sich in dem Stück Reales, Dargestelltes und Wünschenswertes als Konfliktelemente ständig wie Schollen oder Flöze gegen- und ineinander verschieben: Boucher, jedenfalls Hacks' Boucher, hat pornographische Sujets, gemalt, voll Vergnügen und Genugtuung erinnert man sich; Greuze dagegen malt pornographisch – man ekelt sich; Bouchers Gefährtin, eine Berufshure, ist ein nobler, loyaler, dazu vielseitig begabter und gescheiter Mensch – Greuze war geschmacksschwach genug, eine nuttige Person zu heiraten und sich später nicht wirklich von ihr lösen zu können, obwohl sie ihn betrügt und bestiehlt; Boucher gab dem König ein Fest, auf dem er ihm erlaubte, sein neues Bild zu sehen – Greuze führt den verschämt als zufällig ausgegebenen Atelierbesuch durch teuer bezahlte Protektion herbei. In dieser Verquickung ineinander verschobener Kontrast-Fakten könnte es sein, dass auch die Umkehrung des ästhetischem Credos »Nicht alles, was existiert, ist wert, gemalt zu werden«, hier der Hofgesellschaft Abscheu vor vom Alter entstelltem Fleisch, das sie gemalt eventuell akzeptiert haben würde, Boucher ein Stück Glauben an den vernünftigen Gang der Dinge zurückbringt. Er muss an der Vernunft der Menschen zweifeln, die das augenfällig Schöne nicht mehr schön finden und sich stattdessen das Hässliche andienen lassen. Es könnte so sein, dass ein Fall, wo Widerwille gegen hässliche Körperlichkeit aufgebracht wird, Boucher Hoffnung macht, dass die Risse im Weltgefüge doch nicht ganz so gefährlich tief klaffen, die Leute, unbegreiflich, wie sie oft sind, manchmal trauen sie ihren Augen ja doch …

Der letzte Satz des Stückes lautet: »Hilft mir vielleicht jemand, den Tisch abräumen?« (HW 7/157)

Was will Boucher mit dem leeren Tisch? Pure Interpretation: Auf Tischen wird gezeichnet oder skizziert. Kurz zuvor hatte Boucher auf einen sanften Rippenstoß von Fragonard, ob er nicht wieder malen wolle, gesagt:

> »Die Hände wollen schon noch,
> der Kopf will nicht mehr. Ich sehe nicht mehr ein, daß das
> Sitzfleisch einer kleinen Hure mit dem Gedeihen des König-
> tums in Zusammenhang steht. […]
> FRAGONARD Liegt es am Königtum oder an Ihnen?
> BOUCHER Keine Ahnung. Mit Sicherheit, Kleiner, liegt es
> nicht am Sitzfleisch.« (HW 7/155)

35 Jahre zuvor hatte es für Boucher zwischen dem »Heilen Ganzen«, dem König als dessen Gewährsmann und ihm selbst als demjenigen, der es schmückend bestärkte, einen unverbrüchlichen Zusammenhang gegeben. Eine Einheit. Die sieht er nicht mehr. Wenn es weder an den schönen Hintern, dem Erstrebenswerten, noch an seinen Händen liegt, kann es nur daran liegen, dass der König aufgehört hat, der Gewährsmann für das Erstrebenswerte zu sein.

Das ist nach »Jona« nicht eben ein Paukenschlag. Aber Außergewöhnlichkeitswert hat die Einsicht gegenüber manchen von Hacks' Äußerungen über realexistierende Politiker denn doch.

Darf daran erinnert werden, dass er nach dem »Maler des Königs« die drei sogenannten Russischen Stücke – Versuche über die Konturen wünschenswerter Regierungsverantwortlicher – geschrieben hat?

---

1   Peter Hacks: Der Maler des Königs. In: Ders: Werke, Bd. 7, Berlin 2003, S. 105–157, hier S. 106. (Zitate und Verweise im Folgenden zitiert als HW mit arabischer Band- und Seitenzahl.)

HANS-JOCHEN IRMER

»Der Glücksgott«, »Der Geldgott« und
»Der Bischof von China«

Ein unveröffentlichtes Stückfragment, zitiert mit freundlicher Erlaubnis der Akademie der Künste, Paul Dessau Archiv, zwei Stücke, die entstehungsgeschichtlich weit auseinanderliegen und verschiedenen Werkgruppen zugehören. »Der Glücksgott« gehört zur Gattung Oper, das war eine unglückliche Liebe von Peter Hacks; »Der Geldgott« zu den Komödien nach Aristophanes; »Der Bischof von China«, das *Opus ultimum* der »Werke«, zu jenen Komödien und Schauspielen, die man auf den Nenner Erkundungen der Weltgeschichte bringen kann.

Vorzüglich beobachten lässt sich am »Glücksgott« der Werdegang eines »Projektes« in den Gleisen einer »Entwicklungsdramaturgie«, über die Peter Hacks sich in seiner essayistischen Erzählung »Ekbal, oder: Eine Theaterreise nach Babylon« lustig macht. Am »Geldgott« die Rückbesinnung auf das prosaische Lustspiel. Am »Bischof« das politische Vermächtnis des »Stalinisten der Schaubühne«.

I. »Der Glücksgott«

Der Entwurf eines Opernlibrettos für Paul Dessau (1894–1979) stammt aus der Zeit von Oktober 1961 bis Januar 1963.

Die Motiv- und Stoffgeschichte reicht zwanzig Jahre zurück nach Los Angeles. Bertolt Brecht hatte »einen kleinen chinesischen glücksgott gekauft«, eine holzgeschnitzte Figur, die ihm die Idee zu einem Theaterstück »Die Reisen des Glücksgotts«[1] eingab: Der Gott ist »Agitator, Schmutzaufwirbler, Hetzer«; ihm folgen »Ketzer«[2]. Er wird vor Gericht gestellt und zum Tode verurteilt, kann aber nicht hingerichtet werden, weil das Glücksverlangen der Menschen nicht stirbt. Später dachte Brecht an »ein halb lyrisches, halb prosaisches werk«,[3] und schließlich an eine »oper«[4]. In Berlin gehörte der »Glücksgott« immer noch zu den »plänen«. Brecht hoffte, der »Dreigroschenoper« und dem »Kreidekreis« ein drittes Repertoirewerk beizufügen.[5] Wie wichtig ihm dieses Anliegen blieb, bezeugt die Einlassung in dem Vorwort »Bei Durchsicht meiner ersten Stücke«, das er im Frühjahr 1954 schrieb, also mit seinen Erfahrungen und Erkenntnissen in der DDR: Der Gott kommt aus dem Osten in die vom Krieg heimgesuchten Städte und ruft die Überlebenden auf, »für ihr persönliches Glück und Wohlbefinden zu kämpfen«. Er schart »Jünger verschiedener Art« um sich und wird zum Tode verurteilt, »als einige von ihnen zu lehren anfangen, die Bauern müßten Boden bekommen, die Arbeiter die Fabriken übernehmen, die Arbeiter- und Bauernkinder die Schulen erobern«. Die Vollstreckung des Urteils misslingt. »Es ist unmöglich, das Glücksverlangen der Menschen ganz zu töten.«[6] Paul Dessau, der Mitte der vierziger Jahre einige »Glücksgott«-Lieder komponiert hatte, teilte 1957 dem Musikwissenschaftler Fritz Hennenberg mit: »Brecht arbeitete noch wiederholt an diesem Stoff; der gesamte Plan für die Oper liegt fertig vor. Die Ausführung dieses Planes ist ohne Brecht undenkbar.«[7] Bald darauf zog er Heiner und Inge Müller zu Rate. Heiner Müller konnte Brechts Hinterlassenschaft nicht verwenden, kam aber auch mit eigenen Entwürfen und Skizzen nicht weiter. »Die Arbeit erwies sich schnell als (von mir) nicht machbar.«[8] Nun schaffte es Dessau, Peter Hacks und Anna Elisabeth Wiede für eine Mitarbeit zu gewinnen. Offensichtlich schwebte dem Musiker eine Literarische Produktionsgenossenschaft »Glücksgott« vor. Auch dieser Versuch misslang. Müller tat nichts. Hacks schickte, deswegen arg verspätet, eine »Fabelskizze« an Dessau und erklärte dazu in dem Begleitbrief am 1. November 1961: »In der Zwischenzeit hat sich herausgestellt, daß die Arbeitsstile von Müllers und uns zu verschieden sind, um koordinierbar zu sein.« Die Fortsetzung der Arbeit knüpfte er an »die definitive Zusage von Frau Weigel, daß wir die Brechtidee kostenlos benützen dürfen«[9]. Einen Durchschlag des Briefes sandte er am selben Tag Müller, und zwar mit der Bemerkung: »es ist über meinem Vermögen, Dich zur Arbeit anzuhalten«.[10] Frohgemut schrieb er am 4. Januar 1962 an Heinar Kipphardt: »Für Dessau haben wir eine Glücksgott-Oper vorgesehen.«[11] Am 8. März erkundigte er sich bei Dessau: »Gibts was Neues von der Frau Harpagon?«[12] Die Weigel ließ sich Zeit. Dessau hielt Hacks bei guter Laune, indem er ihm zu einer Fünf-Zimmer-Wohnung verhalf; das war keine Kleinigkeit in der Zeit drückender Wohnungsnot, da eine vierköpfige Familie mit Stube, Kammer, Küche vorliebnehmen musste. Am 21. August schickte Hacks »die zweite GG-Fabel«, die im September überarbeitet und »abschluß-reif« gemacht werden sollte.[13] Dies geschah nicht. Dessau zögerte, er wollte wohl erst einmal die Premieren von »Die Sorgen und die Macht« am 2. und »Der Frieden« am 14. Oktober im Deutschen Theater abwarten und das Opernprojekt von der Kulturabteilung des Zentralkomitees der Sozialistischen Einheitspartei Deutschlands genehmigt haben. Am 4. Oktober drängte Hacks auf die Klärung der Voraussetzungen noch »im Oktober«: das Plazet der Partei, den Vertrag mit einem Opernhaus, die unentgeltliche Zustimmung Helene Weigels. »Leider sind das alles Sachen, die Sie angehn.«[14] Mitte Dezember zogen Hacks und Wiede aus der Grellstraße 55 in die Schönhauser Allee 129, am 12. Januar 1963, »schneller gings nich«, schickte Hacks den Prolog und den ersten Akt des Librettos.[15] Dessau komponierte sofort das »Lied der vier Elche«[16], dann stockte die Arbeit. Anstatt mit Helene Weigel zu verhandeln, spannte Dessau eigenwillig Manfred Wekwerth und Joachim Tenschert ein. Am 26. Januar schrieb wer:

> »Liebe Hacksen, bevor ich den ziemlich entscheidenden Schritt tue, und den Dr. Hager vom Politbüro der SED aufsuche, spreche ich zuvor noch einmal mit Wekwerth und Tenschert. Diese kleine Beratung fand heute statt. Resultat: Besser bald noch eine Besprechung zwischen den beiden Freunden und den Hacksen mit mir. […] Es gibt da doch noch einige Punkte, die der gemeinsamen Erörterung wert sind. Wir werden die Profitierenden sein. […] wir wollen uns besprechen, um keine Nackenschläge keinerlei Art gewärtig zu sein.«[17]

Die Grammatik wankt unter der Last unguter Erinnerungen. Die 5. Tagung des Zentralkomitees der SED im März 1951 hatte die Richtlinie eines normativen sozialistischen Realismus erlassen.

»Die Partei [...] wandte sich gegen bürgerliche Erscheinungen des Formalismus, Kosmopolitismus und der Dekadenz im Schaffen von Künstlern der DDR. Formalismus in der Kunst sowie Unklarheiten über Weg und Methoden des Kunstschaffens in der DDR erwiesen sich alsHauptursache für das Zurückbleiben der Kunst hinter den gesellschaftlichen Erfordernissen.«[18]

Kurt Hager (1912–1998), seit 1958 Leiter der Ideologischen Kommission im Politbüro der Partei, sah die westliche Drachensaat aufgehen: 1950 »Antigonae« von Carl Orff – »primitivistisch«, Januar 1951 »Die Mutter« von Bertolt Brecht – »irgendwie eine Kreuzung oder Synthese von Meyerhold und Proletkult«, März 1951 »Das Verhör des Lukullus« von Bertolt Brecht und Paul Dessau – »volksfremd«, Oktober 1951 »Die Verurteilung des Lukullus« – »gefährliche Nähe des Symbolismus«, April 1952 »Urfaust« im Berliner Ensemble – respektloser Umgang mit dem »klassischen Erbe«, »Gefahr des Formalismus«, 1952/53 »Johann Faustus« von Hanns Eisler – »Zurücknahme« des Goethe'schen Faust, falsche Auffassung der deutschen Geschichte, Oktober 1954 »Der kaukasische Kreidekreis« von Bertolt Brecht – »Sackgasse« des Epischen Theaters, März 1958 »Der Lohndrücker« von Heiner Müller – »nur eine unvollkommene Widerspiegelung unseres neuen Lebens und seiner Menschen«, »abstrakte Auffassung der Widersprüche in unserer Wirklichkeit«, September 1961 »Die Umsiedlerin« von Heiner Müller – »konterrevolutionär«. Am 11. Januar 1963 beugte sich die Parteiversammlung des Deutschen Theaters dem Willen höheren Ortes: »eine klare Entscheidung für die Partei und gegen das Stück von Peter Hacks«.[19] Das Stück »Die Sorgen und die Macht« wurde vom Spielplan abgesetzt, der Ideologiekampf ging weiter. Auf dem VI. Parteitag der SED, vom 15. bis zum 21. Januar 1963, wetterte Paul Verner noch einmal über »das in seinem Grundgedanken und in seiner Grundhaltung falsche Stück von Peter Hacks« und über die Schieflage des Intendanten Wolfgang Langhoff.[20] Schwere Zeit für Kunst. Der parteiergebene Dessau hoffte, vermittelst ideologisch fundierter Stützgutachten einen profitablen Werkauftrag zu erlangen. Er hätte jedoch ahnen können, dass der selbstbewusste Hacks nicht bereit sein würde, den Opernplan von den Herren des Berliner Ensembles beurteilen zu lassen. Bitter enttäuscht, schrieb er Ende Januar oder Anfang Februar:

»Liebe Hacksens, auch Ihre derzeitige Situation ist für mich kein ausreichender Grund, daß Sie meinen Brief nicht beantwortet haben. […] Da nun Idee und ihre Fortführung von mir überliefert wurden, muß ich nur noch klarstellen, daß Sie keinerlei Recht auf irgend eine Verwendung der Bruchstücke haben.«[21]

So wurde aus den »Reisen« der »Fall des Glücksgotts«.

In der Fabelskizze fließt vieles zusammen. Von Brecht her der Gott, der eigentlich ein Philosoph ist und Schüler um sich schart, die Wanderfabel, die unaufhaltsame menschliche Sehnsucht nach Glück. Von Aristophanes her der Stil der Komödie. Von Sigmund Freud her das »Unbehagen in der Kultur«. Der Glücksgott steigt herab und sieht in der amerikanischen Mahagonny-Welt zwei Arten des Unglücks: »das Unglück der Unglücklichen und das Unglück der Glücklichen«, nämlich derjenigen, die »Ersatzbefriedigungen für Glück halten«.[22] Ein Mädchen nimmt Rauschgift. Eine Familie hungert und friert, um die Wohlstandssymbole Waschmaschine, Fernsehgerät, Automobil bezahlen zu können. Auf seinen Wanderungen gewinnt der Lehrer wahren Glücks eine für das kapitalistische Regime bedrohliche Schülerschaft. Ein Topmanager lässt einen Roboter bauen, der dem Glücksgott zum Verwechseln ähnelt und dessen Melodie mitsingt, aber durch geänderten Worttext umfunktioniert. Der Glücksgott singt: »ihr müsst glücklich werden«. Der »Pseudo-Glücksgott« singt: »ihr seid glücklich«[23], wenn ihr es nur wollt. Es ist der Apparat des Pragmatism und der Scientology, der hier tönt. Der Glücksgott zerstört das Ungetüm und sucht den Magnaten Rockefeller auf. Ihm beweist er, dass nicht glücklich sein kann, wer das Unglück des Volkes zu verantworten hat. Rockefeller lässt den Störenfried ins Meer werfen. Die Handlung spielt im Jahr 1958, während der sozialen Revolution in Kuba. Ein Delphin trägt den Glücksgott an die kubanische Küste. Sie singen ein Duett: »Wer das Glück liebt, den liebt das Glück.«[24] Diese Zeile wird dann das Schlusswort der lebens- und liebeslustigen Polly.[25] Der Glücksgott begegnet drei Revolutionären, die sich seine Schüler nennen.

Er wiederum erkennt, dass sie ihn praktisch überholt haben, und nennt sich ihren Schüler. Er ist plötzlich »fett und bequem«[26]. In Havanna wird die Revolution gefeiert. Der Lehrer unterliegt den Verführungskünsten seiner ersten Schülerin, jenes Rauschgift-Mädchens, das ihn nun »für Geld (für falsches Glück) verraten hat«[27]. Zurückgekehrt in Rockefellers Amerika, wird der Glücksgott verhaftet und wegen seiner aufrührerischen Lehre zum Tode verurteilt. Aber alle Mittel der Hinrichtung versagen, »weil das Streben nach Glück unausrottbar ist«[28]. Der Glücksgott geht außer Landes, dorthin, wo die nächste Revolution heranreift. Er hinterlässt viele Schüler und eine goldene Legende.

Die »Fabel II« beginnt mit einem »Prolog im chinesischen Himmel«[29]. Die Erde macht dem Obersten Gott Feuer unter dem Hintern. Was tun? Er schickt den Glücksgott hinunter; der ist nichts außer glücklich, hat nichts außer Glück, kann nichts außer Glücklichsein lehren, er ist »etwas bekleckert« und »faul«[30]. Die Zeit der in sieben Bilder gegliederten Handlung ist jetzt die »Krise des Imperialismus«[31]. 1. Bild: Kalifornien, eine Bar. Eine Statue des Glücksgotts wird lebendig und erkundigt sich, ob es hier unglückliche Menschen gibt. Niemand fühlt sich unglücklich. Der Filipino Jack, der von Gelegenheitsarbeiten lebt, ist arm, aber nicht so arm, wie er in seiner Heimat wäre: »Glück ist Hoffnung auf morgen.«[32] Der Vater und der Bruder der Kellnerin Rosabelle sind arbeitslos, aber »repräsentable Leute« und stolz auf ihre Wohlstandssymbole Waschmaschine, Kühlschrank, Auto: »Glück ist, für glücklich gehalten zu werden.«[33] Vier Elche, die an das Holzfäller-Quartett in Brechts »Mahagonny«-Oper erinnern, sind »fröhliche amerikanische Burschen, das Leben ist doch schön«[34]. Silver Jones, Sängerin und Besitzerin der Bar, nimmt Rauschgift: »Glück ist, das Leben vergessen.«[35] Der Glücksgott zerstört die Illusionen. 2. Bild: Kalifornien, Strand. Auf Veranlassung des Glücksgotts gibt Silver Jones ein Fest. Der Glücksgott meint: »man muß immer Feste feiern«[36]. Mit Silver, Rosabelle und Jack wandert er gen Osten. 3. Bild: Oklahoma, ein Zelt der Methodisten. Die inzwischen berühmte Sängerin Silver Jones »and The Big GG« werden angekündigt. Die drei Schüler kommen aus verschiedenen Richtungen und bringen viele Anhänger der Glücksgott-Bewegung mit. Wo aber bleibt der Gott selber? Der Topmanager Blaggard nutzt die Gelegenheit, seinen »Konter-Glücksgott«[37] zu präsentieren, einen Roboter. Endlich erscheint der richtige Gott, er war unterwegs irgendwo eingeschlafen. Die konträren Botschaften verunsichern die Menschen. Der Glücksgott, »sehr unbekümmert«, interessiert sich mehr für die Whiskeyflasche eines alten Hillbilly's. Der Alte befiehlt dem Roboter: »Sauf du auch!«[38] Der gehorcht und zerschellt; »er ist eine Maschine der Kapitalisten«[39]. 4. Bild: Florida, die Yacht des Magnaten Octopus. Die kapitalistische »Krake« hat den Glücksgott zu einem »Diskurs« eingeladen. Der Kapitalist behauptet, dass Glück und Unglück, Macht und Ohnmacht wechselseitig aufeinander bezogen seien und das Glück eben nicht für alle reiche. Der Glücksgott hält dagegen, dass der Kapitalist nicht glücklich sein könne, weil er lediglich die Macht habe, Unglück zu erzeugen und dies ideologisch zu bemänteln. »Es gibt kein Glück ohne das Glück aller.«[40] Octopus gibt sich geschlagen und lässt den Glücksgott ins Meer werfen. Die Journaille hat eine Schlagzeile: »Glücksgott tödlich verunglückt!«[41] 5. Bild: Kuba, Küste. Ein Delphin hat den Glücksgott gerettet: »wer das Glück liebt, den liebt das Glück«.[42] Der Glücksgott gewinnt drei neue Schüler: den Plantagenarbeiter Lope, den Doktor Jorge Barbudo und das Mädchen Juana. »Er prüft sie, nicht ohne Hochmut«[43], und er stellt fest, dass sie einen genaueren, praktischen Begriff von Glück haben. Daraufhin verbeugt er sich vor ihnen als ihr Schüler. Die Rebellen ziehen nach Havanna. Der Glücksgott, »fett und bequem«[44], folgt ihnen langsamen Schrittes. 6. Bild: Havanna, »Revolutionskarneval«[45] mit flammenden Reden, Tänzen und Gesängen. Kuba huldigt dem Glücksgott. Der Glücksgott hat mit Juana geschlafen. Juana will auf dem Land als Lehrerin arbeiten. Er sagt, dieses Vorhaben sei »unkomfortabel«[46], verspricht ihr aber, an ihrer Seite zu bleiben. In die Quere kommt ihm Silver Jones; sie ist eine Kinodiva geworden und nebenher eine Mitarbeiterin der amerikanischen Bundeskriminalpolizei. Der Glücksgott folgt ihr, »aus Sinnlichkeit«[47]. 7. Bild: Oklahoma, Platz mit »Galgengerüst«[48]. Der Glücksgott wird vorgeführt. Er soll öffentlich gehenkt werden: »das Glück Lehren ist materialistisch, atheistisch und revolutionär.«[49] Das Volk *ist* glücklich oder hat glücklich zu sein; es bedarf keiner Lehre, die alte Verheißungen ernst nimmt. Das Hinrichtungsschauspiel kann nicht stattfinden. Der Glücksgott »verschwindet in der jubelnden Menge«⁵⁰, wie Sarastro, wie Azdak. Mit einem Schlusswort »vor dem Vorhang« verabschiedet er sich vom Publikum: »Das Streben nach Glück ist unausrottbar.«⁵¹ Das ist ein Zitat aus der Unabhängigkeitserklärung der USA:

> »Wir halten es für selbstverständliche Wahrheiten, dass alle Menschen [...] mit bestimmten unveräußerlichen Rechten ausgestattet sind, zu denen das Leben, die Freiheit und das Streben nach Glück gehören.«

Was bedeutet das Haupt- und Titelwort Glück?

- Abwesenheit materieller Not und falschen Bewusstseins davon.
- Verfügbarkeit des Lebensnotwendigen: Nahrung, Kleidung, Wohnung; medizinische Hilfe, staatliche Obhut; Wissenschaft, Philosophie, Kunst.
- Maßhaltender Luxus, und nicht auf Kosten der Allgemeinheit.
- Übereinstimmung des Wünschbaren mit dem Machbaren. »Hacks – anders als viele neuere Umstürzler – glaubt nicht an das Wünschenswerte außer in dem Maße, in dem es politisch hergestellt werden kann.«⁵²
- Aussöhnung des Seelenfriedens mit den Sinnenfreuden.
- Was der zwanzigjährige Student Hacks an Thomas Mann bewundert: »der Stil der restlosen Beherrschung des Ausdrückbaren, der Stil der endgültigen Ausgewogenheit und progressiven Bewegung: der Stil der modernen Klassik.«⁵³
- Bewusste Entscheidung für die sozialistische Revolution und einen absolutistischen Sozialismus.

Das Glück ist das zentrale Thema des DDR-Stücks »Die Sorgen und die Macht« und des Aristophanes-Stücks »Der Frieden«. Der Arbeiter fesselt das bürgerliche Ungetüm Eigennutz: »Die vereinte Menschheit ist die wahrhaft glückliche Menschheit.«⁵⁴

Der Parteisekretär benennt das Ziel:

»Was bringt die Revolution? Glück. Glück
Bringt sie, das gibt es. Aber wenn ich nach
Dem Glück befragt werd, das hör ich eben so
Als Materialist, als wär ich nach
Der Macht befragt. Glück hat Macht nötig.
Arbeitermacht kommt vor Arbeiterglück.
Wir haben den Staat. Der Staat ist noch nicht fertig.
Er wird aussehn wie wir.«[55]

In der dritten Fassung des umstrittenen Werkes lernt Emma Holdefleiss die Dialektik von Weg und Ziel. Schwärmerisch malt sie »die Fülle der Welt, den Kommunismus« aus:

»Kollegen, Kommunismus, wenn ihr euch
Den vorstelln wollt, dann richtet eure Augen
Auf, was jetzt ist, und nehmt das Gegenteil;
Denn wenig ähnlich ist dem Ziel der Weg.«[56]

Dann begreift sie, gleichsam mit den Worten des Parteisekretärs, »den rechten Weg« dahin:

»Arbeitermacht, das wußten wir, kommt vor
Arbeiterglück. Glück hat Macht nötig.
Und dem allein, der zäh zur Macht beiträgt,
Erwächst der Tag, wo Macht in Glück umschlägt.« (HW 3/81)

Der Weinbauer Trygaios entfesselt die Friedensgöttin und ihre Schwestern, Herbstfleiß und Lenzwonne. Die Trias des Glücks: Frieden, Arbeit, Liebe.

Die Partei sah alles anders: »Hacks verlegt das Glück der Menschen in eine ferne Zukunft. Unser Glück besteht doch aber für uns heute in der Existenz des ersten Staates der Arbeiter und Bauern in Deutschland und in der Existenz der Sozialistischen Einheitspartei Deutschlands, die den Kampf um den Sozialismus siegreich führt.«[57] Man traute auch dem »Frieden« nicht, der, aus der Sicht der Partei, das Glück in eine ferne Vergangenheit verlegt und »die führende Rolle der Partei« nicht wahrhaben will.

Derartiges Misstrauen hätte genauso die Oper auf sich gezogen. Der Glücksgott ist ein stoischer Sozialutopist. Sein Gottkönig schickt ihn los, weil das Unglück zum Himmel schreit und die »demantene Ruhe« stört. Seltsam nun, dass er nicht an einem Ort himmelschreienden Unglücks landet. Überall begegnet ihm das stille »Unglück der Glücklichen«, die verschwiegene Lebenslüge: Glücklich ist, wer Whiskey hat. Glücklich ist, wer hofft. Glücklich ist, wer Ansehen genießt, Glücklich ist, wer vergisst. Der Glücksgott gibt den scheinbar glücklichen, in Wahrheit unglücklichen Menschen das Bewusstsein ihres Unglücks. Seine Lehre bleibt allerdings prinzipiell und abstrakt: Wein, Weib und Gesang. Erst im revolutionären Kuba erhält sie einen konkreten Inhalt und eine Wegrichtung. Der Drehpunkt liegt in dem chiastisch gebauten Duett »wer das Glück liebt«. Das menschenfreundliche Tier weiß, wo der Glücksgott hingehört. Am Strand von Kuba kann, bei gleichbleibendem Prädikat, ein Austausch zwischen Subjekt und Objekt stattfinden. Beide bewegen sich aufeinander zu, ergreifen, begreifen einander. Allein, selbst ein Gott ist nicht gefeit gegen unglückbringende menschliche Anfechtungen. Der Glücksgott wird in der Falle einer Betrügerin zum Betrüger. Göttlich an ihm ist eigentlich nur seine Unsterblichkeit, ein Privileg, das ihm erlaubt, immer wieder neu anzufangen, wenn er versagt. Er ist das allegorische Denkmal der »Träume vom besseren Leben«[58].

II. »Der Geldgott«

Die Komödie nach Aristophanes' »Plutos« entstand 1991, als die rechtselbischen Deutschen den real existierenden Kapitalismus zu spüren bekamen. Die »gelernten DDR-Bürger« mussten nun lernen, »was sich rechnet«. Ihre Lehrmeister kamen aus den »alten Bundesländern« und bestätigten zynisch, was Marx und Engels gelehrt hatten: »Die Bourgeoisie, wo sie zur Herrschaft gekommen, hat […] kein anderes Band zwischen Mensch und Mensch übrig gelassen, als das nackte Interesse, als die gefühllose, ›baare Zahlung‹«.[59] Die Privatisierung der Volkswirtschaft, die »Abwicklung« oder feindliche Übernahme großer Betriebe, die »Kündigung mangels Bedarf«, die Spekulation mit Grundstücken machten das Leben auf dem »Beitrittsgebiet« zu einem für viele unlösbaren Rechenexempel. Die Bevölkerung schrumpfte weiter, da höhere Arbeitslosigkeit und niedrigere Lohntarife vor allem jüngere Menschen in den »Westen« trieben.

»Plutos«, 388 v. Chr. aufgeführt, die letzte überlieferte Komödie des Aristophanes, spiegelte die Zermürbung des ehedem kräftigen Gemeinwesens Athen. Im Korinthischen Krieg, 395 bis 386, war Persien das Zünglein an der Waage. Durch Geheimdiplomatie und Korruption gewann es die griechischen Städte in Kleinasien und das Protektorat über die Stadtstaaten in Griechenland. Sparta konnte unter persischem Schutz seine hegemoniale Position festigen.

Aristophanes konstruierte mit allerlei Versatzstücken seines Theaters eine eigentümliche Fabel. Der notleidende Bauer Chremylos weiß nicht, ob er seinen Sohn zum Ackerbau ermutigen oder auf gut Glück zu den Geldschiebern in die Stadt schicken soll. Das Delphische Orakel weiß es auch nicht, rät ihm aber, beim Verlassen der heiligen Stätte dem erstbesten Mann zu folgen. Er trifft einen blinden, arg ramponierten Bettler, der sich als Plutos, der Gott des Reichtums, zu erkennen gibt. Zeus hat ihn geblendet, weil er, statt allen gleichmäßig sich hinzugeben, die arbeitenden Menschen begünstigte. Chremylos ist entschlossen, Plutos heilen zu lassen. Auf dem Weg zu Asklepios, dem Gott der Heilkunst, muss er ein altes, hässliches Weib überwinden, die Armut, die behauptet, sie sei die wahre Wohltäterin der Welt. Ohne Armut kein Ansporn zur Arbeit, keine Sparsamkeit, kein ordentliches Leben: Das ist ein frivoles Sophisma. Es gilt auch gegenläufig: Ohne Reichtum keine Nahrung, keine Kleidung, keine Wohnung. Aristophanes wandte sich gegen die Auflösung der wirklichen Probleme in Denksportfragen. Er beklagte die Armut der Bauern und der Handwerker, die den Reichtum produzieren, und den Reichtum in den Händen der Händler. Blindheit bedeutet hier Ohnmacht gegenüber dem »Fortschritt« der allvermögenden Geldherrschaft. Das glückliche Ende wird erzwungen: Plutos wieder sehend, er belohnt Chremylos, und das Volk darf noch einmal feiern.

Das Stück für 1991 handelt vom Rückschritt der sozialistischen Länder in die Welt des Kapitals und von der Privatisierung des Lebens. Die Strukturelemente des klassischen Dramas stehen dem Dichter jetzt nicht mehr zu Gebote. Der Chor, die Lyrik, der dramatische Vers weichen einer lakonischen, scharf pointierenden Prosa. Der Held und sein Widerpart danken ab, die neuen Rollen erfordern den Episodenschauspieler. Die Fabel erscheint von Stück zu Stück mehr allegorisch »meinend« denn »selbstverständlich«. Ein charakteristisches Merkmal der »späten Stücke« ist das ironische Spiel mit dem romantischen Lustspiel – und den modernen Endspielen.

Chremylos ist ein Töpfer. Er hat einen langen Werktag, aber er hat damit sein bescheidenes Auskommen. Endlich möchte er, mit weniger oder gar keiner Arbeit, reich werden, um ein Leben im Wohlstand zu genießen. Wie vom Delphischen Orakel empfohlen, heftet er sich an die Fersen eines Unbekannten, der ihn »mit Reichtum überschütten« werde. Seine genügsame Sklavin und Freundin Fifine erklärt ihn deshalb für »unübertrefflich verrückt«[60]. Dieser Einleitung folgt ein Zwischenspiel in Ludwig-Tieck-Manier. Chremylos spricht von der Bühne herab einen getürkten Zuschauer namens Kohr an. Der Herr ist der einzige Theaterbesucher heute Abend, und seine Anwesenheit verdankt sich nur dem Umstand, dass er wegen einer Erkältung den Aufenthalt im Fußballstadion scheut. Alle anderen sind dort bei irgendeinem FC. Die Vorstellung »Der Geldgott« muss trotzdem stattfinden, denn sie ist von der Firma K & U gesponsert, und Herr Kohr besitzt sämtliche Eintrittskarten: »Ich bin vierhundert« (HW 7/58).[61] Er ist der auf den Nörgler reduzierte Chor. Im Hintergrund der Szene, die schlicht als »Gegend« (HW 7/55) bezeichnet ist, geistert von Anfang an jener Unbekannte. Der Mann ist blind und ähnelt auch sonst in manchem Samuel Becketts Herrn Pozzo. Eine Weile bewegt das Handlungsgeschehen sich flirrend im Kreis; man sieht nicht recht, wer wen an die Leine nehmen will, Chremylos den Unbekannten oder dieser ihn. Widerborstig rückt der Unbekannte mit seinem Namen und Herkommen heraus.

Peter Hacks, alter Überlieferung folgend[62], identifiziert Plutos, den Sohn der Demeter, mit Pluton, den Gott der Unterwelt; die römische Namensform Pluto deutet auf die Umwandlung des natürlichen Reichtums in den Geldsegen hin. Der Geldgott ist der Glücksgott des Kapitalismus. »Pluto selber« (HW 7/62) begreift das nicht, bis Chremylos ihm die Augen öffnet: Nicht Zeus, »Geld regiert die Welt« (HW 7/65). Der Machtwechsel muss freilich demokratisch legitimiert werden. Fifine richtet »einige gedunsene Worte« (HW 7/66) an die »Freunde, Arbeiter, Menschen« (HW 7/67) und erklärt, Zeus sei zwar im Recht, weil Pluto »den Reichtum an einige Bevorzugte und Lieblinge verteilt hat, statt an die Befugten und Würdigen« (HW 7/67), habe jedoch die falsche Maßnahme getroffen, »denn von nun an zwar kam das Geld unter die Leute, aber ohne Schlüssel oder Folgerichtigkeit, und seit auf die Art fast alle Leute reich sind, kann man sagen, daß fast keiner reich ist« (HW 7/67). Der geheilte Geldgott erfüllt allerdings nicht die Erwartung seines Retters. Er segnet diejenigen, die Geld bereits haben. Ein Herr Lüsterblick und eine Frau Beutelrock, beide alt und hässlich, jedoch finanzkräftig, können dem verschuldeten Herrn Chremylos einen Knebelungsvertrag aufnötigen, während Pluto ihn mit ein paar flotten Sprüchen über die Geldwirtschaft abfertigt und von dannen zieht.[63]

Der zweite Akt besteht aus lauter Erkennungen und Schicksalswechseln; Nichtwissen wandelt sich in Wissen, das alsbald wieder als Nichtwissen sich erweist, jede Situation schlägt um in das ebenso fatale Gegenteil. Unversehens wird Pluto aufgehalten von zwei Damen mit schlimmer Botschaft von Zeus. Peter Hacks greift behutsam in die Mythologie ein: Die launische Fortuna ist die Mutter, Paupertas die Schwester des Geldgottes. Sie hinterlassen »Fortunas riesiges Füllhorn, in einem Futteral« (HW 7/80). Chremylos bezeichnet das Behältnis als einen »Koffer« (HW 7/93) und will wissen, was in ihm verwahrt ist.

Das ist eins der zahlreichen verdeckten Zitate, die diese Komödie würzen. Kryptisch bleibt der Rückbezug auf das »Barytonfutteral« der Margarete in Aix[64]; hingegen der Koffer, das ist unverkennbar das berühmte Gepäckstück des Herrn Pozzo. Zugleich erinnert das Horn an die Büchse der Pandora. Ihm entfleuchen mehrere Konsumartikel; allein das erhoffte Glück, wenn es überhaupt drinnen ist, kommt nicht heraus. Fifine kriecht dreimal in das Horn und verklemmt sich beim dritten Mal (HW 7/101 ff.).[65]

III. »Der Bischof von China«

Das Dramolett entstand 1999. Mit ihm schloss Peter Hacks den Kanon seiner »Werke« ab. Zusammen mit der zweiten Fassung der Komödie »Numa«, 2002, ist das *Opus ultimum* der Gesamtausgabe letzter Hand als das testamentarische Vermächtnis des Dichters zu betrachten.

Der Stoff stammt aus der jüngeren chinesischen Geschichte. Kang Hsi (1654–1722), der zweite Kaiser der Dynastie Mandschu, saß seit 1662 auf dem Thron, dessen Sohn Yong Tscheng bis 1735.

Vermutlich waren es wieder Hegels »Vorlesungen über die Philosophie der Geschichte«, die Hacks inspirierten. Hegel bewunderte die chinesische Form der absoluten Monarchie: Die Chinesen haben »die größten und besten Regenten [...]; und besonders die jetzige Mandschudynastie hat sich durch Geist und körperliche Geschicklichkeit ausgezeichnet. Alle Ideale von Fürsten und von Fürstenerziehung [...] haben hier ihre Stelle. [...] nur diejenigen haben Anteil an der Verwaltung, die die Geschicklichkeit dazu besitzen. Die Würden werden so von den wissenschaftlich Gebildetsten bekleidet. Daher ist oft der chinesische Staat als ein Ideal aufgestellt worden, das uns sogar zum Muster dienen sollte«.[66]

Peking 1705. Der Kaiser von China empfängt zwei christliche Würdenträger, den Patriarchen von Antiochien und den Bischof von China, die ihm mitteilen, dass die Inquisition die chinesischen »Irrlehren«[67] verboten hat. Gemeint ist der Konfuzianismus, jene religiöse Staatsphilosophie, auf der die Staatskunst beruht. Der Kaiser, an den Himmel heranreichend und dessen Gedanken lesend, verkörpert Maß und Mitte. Er ganz allein ist erhöht von Geburt, nur sein Sitz ist erblich. Zu seinen vornehmsten Pflichten gehört daher die Erziehung des Nachfolgers, den er unter seinen Söhnen auswählt. Außer dem Kaiser besitzt kein Mensch ein angestammtes Recht. Adel folgt aus Verdienst. Der väterliche Monarch stützt sich auf eine vielfach gestufte Staatsbeamtenschaft. Alleinherrschaft ist Übersicht und Fürsorge. Und wer sich um das Ganze kümmern muss, hat keine Zeit für Nebensachen. Wie das päpstliche »Amt für offene Glaubensfragen« (HW 8/224), die Sorbonne und der Papst selbst die Angelegenheiten des Ostens beurteilen, ist irrelevant. Ob die Kirche in Rom Jesuiten, Engländer, Russen als Abtrünnige bezeichnet, ist nicht wirklich interessant in Peking. China unterhält Handelsbeziehungen mit den westlichen Ländern, und der Kaiser hat einen jesuitischen Missionar zum Minister der Wissenschaften ernannt.[68] Letzteres hätte er nicht tun sollen, denn der Gelehrte und Lehrer entpuppt sich unversehens als ein Agent der Kirche. »Die Mitte der Erde«, erklärt Pater Parennin, ist »Rom«, und »Konfuzius ist der Teufel« (HW 8/231f.).

Auf dem Gebiet philosophischer Disputation hat Kaiser Kang Hsi keinen leichten Stand. Er sucht friedlichen Ausgleich und ruhiges Miteinander, wo die Eindringlinge die Oberhand gewinnen wollen. Der diplomatische Herr de Tournon, der grobianische Bischof Maigrot und ihr Helfer vor Ort wissen um die dem Ahnenkult innewohnende dämonische Macht. Sie wissen auch, was die vier Schriftzeichen auf dem Wandschirm zu Häupten des Kaisers »›Verehrt den Himmelsherrn‹« (HW 8/232) bedeuten, oder eben nicht bedeuten. Der chinesische Himmel ist weder Gott noch dessen Aufenthalt, sondern Firmament, Überwölbung des Unterschiedenen, Zeichen für Weltmaß und Weltgeist. Die Vorwürfe der christlichen Kirchenleute ähneln denen, die von Seiten der Schleiermacher'schen »Gefühlstheologie« gegen die Hegel'sche Religionsphilosophie erhoben worden sind. Die Theologie, lehrt Hegel, hebt sich auf in der Philosophie, die Kirche im Staat. Der Gedanke ist der begriffene Glaube, die Staatsvernunft der wahre Gottesdienst.

Der Politiker Kang Hsi trifft »die bescheidenste Maßnahme«. Er entlässt seinen gelehrten Pfaffen nach Korea, verweist den Bischof von China des Landes und schickt den Patriarchen in die portugiesische Kolonie Macao, die freilich immer »ein Teil Chinas« gewesen ist und bleiben wird. Zu dieser »bescheidensten Maßnahme« gehört beiläufig auch die Enthauptung von dreitausend Menschen christlichen Glaubens, »aber das sind Erdnüsse«.

Prinz Yong Tscheng, inskünftig, wird »die äußerste Maßnahme« nicht scheuen und »jeden einzelnen verfluchten Christen unter der Sonne« massakrieren (HW 8/234f.).

Hacks stellt dem »falschen Zaren« den »richtigen Kaiser« gegenüber. Die Moral der »Geschichte eines alten Wittibers« gilt nicht mehr.[69] Der Einundsiebzigjährige rechtfertigt, *mutatis mutandis*, den rigoros-abstrakten Standpunkt des Brecht'schen Lehrstückes. Jetzt wird der einzelne Mensch dem das Allgemeinwohl verkörpernden Staat aufgeopfert.

> »KANG HSI Die Tätigkeit eines Kaisers ist die schwerste aller Tätigkeiten. [...] Einer, dessen Beruf China ist, der kennt keine Chinesen. Es zeugt von mehr Güte, einer Provinz einen unbestechlichen Gouverneur zu geben, als einem Dutzend Unschuldiger die Bastonnade zu erlassen.« (HW 8/222)

Philosophischer Hegelianismus setzt sich um in politischen Stalinismus, der von Peter Hacks vorbehaltlos bejaht wird:

> »15.6.1983
> Wieder ein Kaiser! Ganz wie in alten vernünftigen Zeiten.
> Zittert, Könige. Völker, freuet euch mit.«[70]

Andropow-Zeit. Hacks hofft, dass nach Chruschtschow und Breschnew jetzt ein würdiger Nachfolger Stalins die sozialistische Welt regieren werde. Am 19. Juli 1987 schreibt er in einem Brief an André Müller: »Die Anfangsfrage aber lautete: wird er Stalin oder Dubzek? [...] Er ist Dubzek.«[71] Gemeint ist Gorbatschow, der Nachfolger Andropows und Tschernenkos im Kreml.

Gorbatschow-Zeit. Das den »Historien und Romanzen« zugeordnete Gedicht »Die Datsche in Peredelkino« (HW 1/196 ff.) verherrlicht den »Kaiser« und »Generalissimus« Stalin, der seinen satanischen Geheimdienstler Berija auf den Reitergeneral Budjonny hetzt. Der Alleinherrscher im Kreml verhält sich, wie alle despotischen Charaktere sich verhalten: argwöhnisch den Getreuen, gutgläubig den falschen Freunden gegenüber. Anders als so menschlich sind die weltbewegenden Persönlichkeiten nicht zu haben, meint Hacks.

»Venus und Stalin«, die Idylle erhebt den Menschen Stalin in die Sphäre des Göttlichen:

>Ein milder Glanz geht, eine stille Pracht
Unwiderstehlich aus von diesem Paar.
Die Liebe und die Sowjetmacht
Sind nur mitsammen darstellbar.« (HW 1/427)

»Jetztzeit« nach der politischen Wende 1989/90. In »Denkmal für ein Denkmal (1)« und »Denkmal für ein Denkmal (2)« (HW 1/305 f.) beklagt Hacks die Zerstörung der Denkmäler für Stalin und Lenin.

Einschlägig sind auch zwei Anekdoten:

Ende der achtziger Jahre, das Lenin-Denkmal steht noch an seinem Platz, fordert Hacks von dem zuständigen Kulturminister Dietmar Keller »für die Hauptstadt ein Napoleon-Denkmal und ein Stalin-Denkmal«.

Und: Einem Manne, der ihm vorhält, Stalin habe mehr Menschenleben vernichtet als Hitler, antwortet Hacks: »Wenn ich etwa die Herren Lawrentij Berija und Nikita Chruschtschow ins Auge fasse, […] glaube ich mit Bestimmtheit sagen zu können, daß es immer noch zwei zu wenig waren.«[72]

Nicht wegen ihrer Untaten unter Stalin, befindet Hacks, wegen ihres Verrats an Stalin nach dessen Tod hätten die beiden vorsorglich hingerichtet werden müssen.

Am 21. Mai 1989 schreibt Hacks an André Müller: »Magst Du Chinesen?« Die Erläuterung dazu lautet: »Frage bezieht sich auf die Zerschlagung der Konterrevolution im Beisein Gorbatschows auf dem Platz des Himmlischen Friedens zu Peking.«[73] Und am 23. Februar 1990:

>»Unterlage für meinen von Dir zu verfassenden Nekrolog«: »P. H. ist der Stalinist der Schaubühne«. Die Verständigung zwischen Gorbatschow und Kohl betreffend: »Natürlich haben wir mit einer Wiederholung des Stalin-Hitler-Pakts zu tun. Eine Wiederholung als Satyrspiel.«[74]

Hacks und sein Freund Müller glauben an Wiederholungen, Entsprechungen, Gleichbeschaffenheiten.

»Jetztzeit«, vier Couplets:

»*Shaw*
Shaw fuhr zu Stalin, wo es ihm gefiel.
Seit fünfzig Jahren ist er aus dem Spiel.« (HW 1/313)

»*Sehnsucht nach Stalin*
Das Elend steigert sich mit jedem Jahr.
Ich wünschte, alles würde, wie es war.« (HW 1/325)

»*Ein Held*
Nicht ferner ist Minsk langweilig. Der Stadt
Huldigt die Welt, die Lukaschenko hat.« (HW 1/326)

»*Der große Stalin verläßt den Raum*
Sein Leben währt genau ein Leben lang.
Unendlich nur ist der Zusammenhang.« (HW 1/329)

Shaw meint »natürlich« Hacks, der seit langem nicht mehr beachtet wird. Kaiser Kang Hsi »mag Begriffe, die viel meinen« (HW 8/233). Das sehnsüchtig-melancholische »Ich« kann außer Hacks auch der reuige Honecker sein: »Honecker sagt jetzt, was ich sage«.[75] Merkwürdig berührt sich der Spruch mit den letzten Worten des Pfalzgrafen Siegfried in dem Schauspiel »Genovefa«, 1993: »soweit es nach mir geht, soll alles wieder werden, wie es einmal war.«[76] In Weißrussland ist es schon wieder so. Die Couplets über den »Helden« Lukaschenko und den »großen Stalin« beziehen sich offensichtlich auf zwei Texte von Stefan Heym aus den Jahren 1964/65 und mittelbar auch auf Reden und Aufsätze von Christoph Hein aus dem Jahr 1989. Heym erklärt blumig, dass man »den Raum desinfizieren muß, den Stalin verlassen hat«, und dass man aus dem »Dunst der Heuchelei« zur »Wahrheit« zurückfinden muss. »Sie lebt, sie verlangt, daß Partei ergriffen wird. Sie ist revolutionär.«[77] 25 Jahre später müht sich Hein um die Erkenntnis der »Wahrheit«. Er findet:

»Keine Macht und kein Mensch hat der Sowjetunion und der kommunistischen Idee schwereren und nachhaltigeren Schaden zugefügt als Stalin. Noch heute kämpft die Sowjetunion mit den fast unlösbaren Problemen, die das Land der Stalinschen Politik verdankt.«[78]

Hacks steht weit und breit allein und verteidigt sein Stalin-Bild gegen eine Welt voller romantischer »Konterrevolutionäre«; in dem Briefwechsel mit André Müller (1989/90) und in der Schrift »Zur Romantik« (2000) sind sie alle beim Namen genannt. Der Stalin, an dem Hacks festhält, verlässt den Raum seiner leiblichen Existenz und existiert weiter im »Zusammenhang« der Weltgeschichte.

Die »Jetztzeit« rückt Brecht und die sozialistische Aufklärung wieder ins Blickfeld. Als die Zeitung »Neues Deutschland« zu Brechts hundertstem Geburtstag »deutsche Künstler« nach ihrem »liebsten Brecht-Gedicht« fragte, wählte Hacks »Das Lied vom Klassenfeind«.[79] Es stammt aus dem Schreckensjahr 1933; Brecht war fünfunddreißig Jahre alt damals. »Die Verhältnisse, die nicht so waren, zwangen einen geborenen Klassiker aufs Katheder des Aufklärers.«[80] Hacks im selben Alter durfte einer besseren Zukunft entgegensehen. Der Siebzigjährige nun musste erkennen, dass er das Tempo der geschichtlichen Entwicklung – »Ich lebe noch eine Weile, jedenfalls die paar Jahre bis zum Kommunismus«[81] – nicht richtig eingeschätzt und die Möglichkeit des Irrlaufes überhaupt nicht in Erwägung gezogen hatte. Kaiser Kang Hsi rechnet in größeren Zeiträumen: Marco Polo in Peking, das war »Unlängst« (HW 8/223).

Das Interview, das Hacks anlässlich seines 75. Geburtstages der Zeitung »junge Welt« gewährte, mutmaßlich sein letztes, zeugt von tiefsitzender Verbitterung, an manchen Stellen sogar von paranoiden Anwandlungen.

> »Jeder, außer der ›jungen Welt‹, weiß, daß der Niedergang mit Stalins Tod begann. […]
> Der Ulbricht-Mord von Honecker und Breschnew […] war dann der Schlußstein. Von da an konnte es niedergehen. […] Zu Stalins Todeszeit war Rußland in keinem schlechten Zustand. Er hatte die Sorgen, die das Land hatte, im wesentlichen behoben.«

Der Sozialismus ist keine Gesellschaftsordnung, die sich von selber herstellt, sondern »eine wissenschaftliche und bewußt eingesetzte Willensentscheidung und die kann man zurücknehmen. Und er hat die Fähigkeit, in sich konterrevolutionäre Seelen zu gebären.«

Jedoch, das derzeitige Ende ist kein Ende ein für alle Mal. »Eine Sache, die der Weltgeist vorgesehen hat, auf die kann man sich dann auch verlasen.« »Weltgeist?«, fragt die »junge Welt«. Darauf Hacks: »Dann ändere ich den Satz. Auf eine Sache, die ich einmal gesagt habe, kann man sich verlassen.«[82]

1   Bertolt Brecht: Arbeitsjournal 1938–1955. Berlin / Weimar 1977, S. 193.
2   Bertolt Brecht: Ich bin der Glücksgott. Gedichte, Bd 9. Berlin / Weimar 1969, S. 95.
3   Bertolt Brecht: Arbeitsjournal 1938–1955, a.a.O., S. 344.
4   Ebenda, S. 397.
5   Ebenda, S. 480 f.
6   Bertolt Brecht: Bei Durchsicht meiner ersten Stücke. Stücke, Bd. 1. Berlin / Weimar 1955. S. 8 f.
7   Paul Dessau: Notizen zu Noten. Hrsg. von Fritz Hennenberg. Leipzig 1974, S. 51.
8   Heiner Müller: Glücksgott. Texte 4. Berlin 1975, S. 8.
9   Peter Hacks: Brief an Paul Dessau vom 1. November 1961. Akademie der Künste, Berlin, Paul Dessau Archiv, Nr. 2209/2.
10 Peter Hacks: Brief an Heiner Müller vom 1. November 1961. In: Verehrter Kollege. Briefe an Schriftsteller. Ausgewählt, hrsg. und mit einem Nachwort versehen von Rainer Kirsch. Berlin 2006, S. 74.
11 Peter Hacks: Brief an Heinar Kipphardt vom 4. Januar 1962. Peter Hacks und Heinar Kipphardt: Du tust mir wirklich fehlen. Der Briefwechsel. Hrsg. von Uwe Naumann. Berlin 2004, S. 52.
12 Peter Hacks: Brief an Paul Dessau vom 8. März 1962, a.a.O., Nr. 2209/3.
13 Peter Hacks: Brief an Paul Dessau vom 21. August 1962. Ebenda, Nr. 2209/4.
14 Peter Hacks: Brief an Paul Dessau vom 4. Oktober 1962. Ebenda, Nr. 2209/5.
15 Peter Hacks: Brief an Paul Dessau vom 12. Januar 1963. Ebenda, Nr. 2209/6.
16 Paul Dessau: Chor »In der Wahrheit blauen Kälten« und Lied der vier Elche »Alle Bars der Stadt«. Ebenda, Nr. 0832/1–2.
17 Paul Dessau: Brief an Peter Hacks und Anna Elisabeth Wiede vom 26. Januar 1963. Ebenda, Nr. 1843/1.

18 Zit. nach Geschichte der Sozialistischen Einheitspartei Deutschlands. Berlin 1978, S. 258.
19 Zit. nach Der Fall »Die Sorgen und die Macht« 1962/63. Dokumente. Blätter des Deutschen Theaters. Heft 19, November 1991, S. 638.
20 Ebenda, S. 639f.
21 Paul Dessau: Brief an Peter Hacks und Anna Elisabeth Wiede, ohne Datum, a.a.O., Nr. 1843/2.
22 Peter Hacks: Fabelskizze zu einer Glücksgott-Oper. Ebenda, Nr. 1444/1-2. Vgl. dazu Sigmund Freud: »Das Leben, wie es uns auferlegt ist, ist zu schwer für uns [...]. Um es zu ertragen, können wir Linderungsmittel nicht entbehren. (Es geht nicht ohne Hilfskonstruktionen, hat uns Theodor Fontane gesagt.) Solcher Mittel gibt es vielleicht dreierlei: mächtige Ablenkungen, die uns unser Elend gering schätzen lassen, Ersatzbefriedigungen, die es verringern, Rauschstoffe, die uns für dasselbe unempfindlich machen.« Zit. nach Sigm. Freud: Abriss der Psychoanalyse/Das Unbehagen in der Kultur. Frankfurt am Main / Hamburg 1958, S. 103.
23 Peter Hacks: Fabelskizze zu einer Glücksgott-Oper. Akademie der Künste, Berlin, Paul Dessau Archiv, Nr. 1444/1-2, S. 3.
24 Ebenda.
25 Vgl. dazu Peter Hacks: Polly oder Die Bataille am Bluewater Creek. In: Ders.: Werke, Bd. 3. Berlin 2003, S. 265–346, hier S. 346. (Zitate und Verweise im Folgenden abgekürzt als HW, mit arabischer Band- und Seitenzahl.)
26 Peter Hacks: Fabelskizze zu einer Glücksgott-Oper, a.a.O., Nr. 1444/1-2, S. 4.
27 Ebenda.
28 Ebenda, S. 5.
29 Peter Hacks: Der Glücksgott (Fabel II). Ebenda, Nr. 1555/3 bzw. 0831/1-2, S. 1.
30 Ebenda, S. 1f.
31 Ebenda, S. 1.
32 Ebenda, S. 3.
33 Ebenda, S. 4.
34 Ebenda.
35 Ebenda.
36 Ebenda, S. 5.
37 Ebenda, S. 7.
38 Ebenda, S. 8.
39 Ebenda.
40 Ebenda, S. 10.
41 Ebenda.

42 Ebenda, S. 11.
43 Ebenda.
44 Ebenda.
45 Ebenda, S. 12.
46 Ebenda.
47 Ebenda, S. 13.
48 Ebenda, S. 14.
49 Ebenda.
50 Ebenda, S. 15.
51 Ebenda.
52 Peter Hacks: Ein Columbus-Drama von Hacks. In: HW 15/127f., hier S. 128.
53 Peter Hacks: Über den Stil in Thomas Manns »Lotte in Weimar«. Das sind die darstellenden oder subjektiven Elemente, wie Form, Gestalt, Erlebnisgehalt, Blickwinkel. In: Sinn und Form. Beiträge zur Literatur. Hrsg. von der Deutschen Akademie der Künste. Sonderheft Thomas Mann. Berlin 1965, S. 246.
54 Peter Hacks: Die Sorgen und die Macht. Historie. Als Manuskript gedruckt. Henschelverlag Kunst und Gesellschaft, Abteilung Bühnenvertrieb. Berlin o.J. [1960], S. 67.
55 Ebenda, S. 62.
56 Peter Hacks: Die Sorgen und die Macht. In: HW 3/5–83, hier S. 61.
57 Zit. nach Der Fall »Die Sorgen und die Macht« 1962/63. Dokumente. Blätter des Deutschen Theaters. Heft 19, November 1991, S. 630.
58 »Träume vom besseren Leben«: der ursprüngliche Titel des philosophischen Hauptwerkes von Ernst Bloch (1885–1977), »Das Prinzip Hoffnung«, das im US-amerikanischen Exil entstand und 1954–1959 im Aufbau-Verlag Berlin erschien.
59 Manifest der Kommunistischen Partei. London 1848, S. 5.
60 Peter Hacks: Der Geldgott. In: HW 7/53–104, hier S. 57.
61 Hacks macht einen Dauermissstand des Theaters in der DDR ungeniert zu einem Phänomen des deutschen Theaters nach 1989/90. Er weiß, wie es um das Theaterpublikum bestellt war: Ein Gruppenabonnement gehörte in jede Wettbewerbsverpflichtung zur Erlangung des Ehrentitels »Kollektiv der sozialistischen Arbeit«. Die bis zu fünfzig Prozent preismäßigten Karten wurden in den Betrieben, Schulen und sonstigen Institutionen verschleudert; begehrt war eigentlich nur das Opern- und Operettenrepertoire. Die Menschen suchten Entlastung vom Arbeitstag. Nicht selten saß der Kollege Kohr, der Kulturfunktionär, allein inmitten »toter Seelen«. In der Spielzeit 1954/55 wurden siebzehn Millionen Theaterbesucher gezählt, 1974/75 zwölf; 1989/90 verringerte sich die Zahl auf ungefähr fünf Millionen. Dass die Wendejahre der ostdeutschen Theaterlust nicht förderlich waren, ist ein leicht verständlicher Sachverhalt.

62 Vgl. dazu Robert von Ranke-Graves: Griechische Mythologie. Quellen und Deutung. Reinbek bei Hamburg 1984, S. 81f.

63 Vgl. dazu Karl Marx: Ökonomisch-philosophische Manuskripte. 1844.

64 Peter Hacks: Margarete in Aix. In: HW 4/5–98, hier S. 91.

65 Klemme/klemmen ist – wie beispielsweise auch Glück/glücklich, Vollkommenheit/vollkommen, Jetztzeit – ein Schlüsselwort, das Hacks kommunikationsstrategisch einsetzt. Es findet sich bereits 1974 in einem Interview, wo es innerhalb einer Passage von vierundzwanzig Zeilen nicht weniger als siebenmal verwendet wird. Hacks sagt: »Nun ist es so, wenn man die gesamte Menschheitsgeschichte ansieht, stellt sich heraus, die Leute sind in sehr merkwürdige Klemmen gekommen, selbst Rom ist untergegangen, aber aus diesen Klemmen haben sie sich immer wieder herausgewurschtelt. Es ist also abzusehen, daß sie in Zukunft sich mutmaßlich auch aus allen Klemmen werden herauswurschteln können.« Gottfried Fischborn / Peter Hacks: Fröhliche Resignation. Interview, Briefe, Aufsätze, Texte. Berlin 2007, S. 49. Im September 1990 wiederholt Hacks fast wörtlich: »Von der Welt wird immer wieder einmal angenommen, sie gelange zum Schluss. Ein Blick in die Geschichte zeigt, daß sie es nicht tut […]. Es gibt keine abschließende Lage. Es gibt keine Klemme, aus der die Leute nicht wieder herauskämen.« Peter Hacks: Die Schwärze der Welt im Eingang des Tunnels. In: HW 13/477.

66 Georg Wilhelm Friedrich Hegel: Vorlesungen über die Philosophie der Geschichte. Werke, Bd. 12. Frankfurt am Main 1992³, S. 156f.

67 Peter Hacks: Der Bischof von China. In: HW 8/215–235, hier S. 225.

68 Einer der ersten jesuitischen Missionare in China war der deutsche Gelehrte Johannes Schreck (1576–1630).

69 Das kleine Hör- und Schauspielstück aus der Courage-Welt, 1956, kritisiert Bertolt Brechts »Badener Lehrstück vom Einverständnis«, das lehrt, »der grausamen Wirklichkeit grausamer zu begegnen«. Der Mensch, der die Menschheit und die Welt verändern will, soll lernen, seine Individualität zugunsten der Kollektivität aufzugeben, und zwar bis zum Einverständnis mit dem Tod. Gegen die Verherrlichung der permanenten Revolution und die Vergottung des Kollektivs behauptet der achtundzwanzigjährige Peter Hacks Wert und Würde des einzelnen Menschen. Der alte Wittiber ist nicht einverstanden mit dem Tod, er widersteht ihm »unter Berücksichtigung der Welt von morgen«.

70 Peter Hacks: Die Gedichte. HW 1/247

71 André Müller sen. / Peter Hacks: Nur daß wir ein bischen klärer sind. Der Briefwechsel 1989 und 1990. Hrsg. von den Korrespondenten. Berlin 2002, S. 68.

72 Was ist das hier? 130 Anekdoten über Peter Hacks und dreizehn anderweitige nach Quellen und Gesprächen hrsg. von Pasiphaë. Berlin 2003, S. 63f. und 69.

73 André Müller sen. / Peter Hacks: Nur da wir ein bischen klärer sind, a.a.O., S. 20.

74 Ebenda, S. 83f.

75 Ebenda, S. 5.

76 Peter Hacks: Genovefa. In: HW 7/181–242, hier S. 232.
77 Stefan Heym: Stalin verläßt den Raum. Politische Publizistik. Leipzig 1990, S. 107 und 115.
78 Christoph Hein: Als Kind habe ich Stalin gesehen. Essais und Reden. Berlin / Weimar 1990, S. 152.
79 Neues Deutschland, 26. Oktober 1998.

80 Peter Hacks: Literatur im Zeitalter der Wissenschaften. In: HW 13/12–19, hier S. 17.
81 Peter Hacks: Versuch über das Theaterstück von morgen. In: HW 13/20–37, hier S. 20.
82 junge Welt, 21. März 2003. Zit. nach Peter Hacks: Am Ende verstehen sie es. Politische Schriften 1988 bis 2003. Hrsg. von André Thiele und Johannes Oehme. Berlin 2005, S. 98–107.

RÜDIGER BERNHARDT
Peter Hacks und der Weltgeist.
Literarisches Thema und autobiographischer Anspruch

I. Grenzziehungen und Ansprüche

Peter Hacks bildete aus literarischen und künstlerischen Traditionen eine einmalige, geschlossene Welt, in der sich der Dichter bestätigt und anerkannt bewegte. Es war eine Welt der Schönheit und Harmonie, der Sinnlichkeit und Lebensfreude, eine gerettete Welt, eine utopische und eine kommunistische Welt, die sich aus der vollkommenen Tragödie zur vollkommenen Komödie erhoben hatte. Aber es war eine Welt für wenige, im Grunde für den erwählten Dichter gedacht, der wie einst Klopstock wenige Edle in dieses Reich des Geistes einließ. Die Verwirklichung dieser Welt erwartend, sprach er die Erfahrungen aus seiner Gegenwart und seine Vorstellungen von morgen in vollkommenen Formen von gestern aus. Als Thema wählte er oft die Vita des herausragenden geschichtlichen Individuums, das ihm als Maske oder als Präfiguration der eigenen Bedeutung und des eigenen Anspruchs diente. Diese Masken und Präfigurationen änderten sich im Laufe der Entwicklung und erreichten in der zweiten Hälfte der siebziger Jahre eine Qualität, die sie als Personifikationen des Hegel'schen Weltgeistes, in dem sich der Endzweck und die Vernunft der Weltgeschichte verkörpere, erscheinen ließ. Über den Unterschied zwischen Begabung einer Person und dem Geist bei einem »Weltentwurf« hat Hacks in seinen Bemerkungen zu »Omphale« geschrieben (1977).[1]

Schon in einer »Autobiographie« (1965) sah Hacks sich in der Nachfolge des heiligen Benediktus (480–547), dessen Probleme er weiterhin zu lösen versuche: »[...] wie einer auf Erden möglichst glücklich leben und doch eben noch in den Himmel kommen könne.«[2] Das war insofern allgemein, als die Benedikt zugeschriebene Problemlösung eine der allgemeinsten in der Menschheitsentwicklung ist und auch anderen Heiligen sowie dem philosophischen Weltgeist zugeordnet werden kann. Was Hacks dennoch veranlasste, ihn zum Vorgänger zu wählen, lag sicher in der Verbreitung des Benediktiner-Ordens in verschiedenen christlichen Kirchen, die Tatsache, dass es der älteste Orden der westlichen Welt ist, und seine Ordensregel *Ora et labora* zu den brauchbarsten Regeln gehört. Vereinfacht ließe sich sagen, in dieser autobiographischen Bemerkung drückte sich der Anspruch der Einzigartigkeit des Dichters im Allgemeinen und des Dichters Hacks im Besonderen aus. Einige seiner dramatischen Figuren verkörperten Traditionen des Einzigartigen nachdrücklich. Er vereinfachte die Sicht auf seine Stücke, um die Überschau zu ermöglichen und auf diese Eigenart hinzuweisen: Die Stücke handelten, so Hacks, von der Pflicht des Menschen, »sich zu emanzipieren«, oder von Menschen, »die gegen unemanzipierte Seelen, gegen lakaienhafte und opportunistische Haltungen polemisierten«,[3] seiner »Schranken« müsste sich der Mensch entledigen und schließlich in der vollkommenen Emanzipation mit »seinen Widersprüchen« seiner unvollkommenen Gesellschaft gegenübertreten. Einen dialektischen Vorgang sah er in der Entstehung dieses Heldenbildes, einen Dreischritt, aufgelegt auf drei Grundthemen: Zuerst sollte die Klassengesellschaft widerlegt werden, dann sollte sich der schöpferische Mensch aus allen Schranken lösen und schließlich aus der »Haltung des wiederhergestellten Menschen« (HW 13/78) zur Vervollkommnung der unvollkommenen Gesellschaft antreten. Es ist auffallend: In dieser dialektisch anmutenden Konzeption spielt die Klassenstruktur keine Rolle, dafür aber das herausragende, einzigartige Individuum. In der Umsetzung dieser Konzeption waren diese Helden über Jahrhunderte unterwegs, suchten den Himmel auf Erden oder hatten den irdischen Olymp erstiegen. Goethe – auf der Bühne körperlich nicht anwesend, aber bestimmend – und Barby, »der ewige Menschheitsheld«[4] – nur für Augenblicke lebendig in »Barby« (1983) von Hacks – waren, neben anderen, solche Vollendungen. Ihre Wirkung und damit die Qualifizierung der ästhetischen Erziehung, die Hacks zu betreiben versuchte, waren unterschiedlich bis gegensätzlich.

Literarische Parallelen wurden nicht nur zur autobiographischen Projektion gewählt, sondern auch als Vorlage für die Auseinandersetzung mit Zeitgenossen genutzt: Der Essay über Friedrich Schlegel »Der Meineiddichter« (1976)[5] war als Auseinandersetzung mit Heiner Müller zu lesen. Schlegels Leben und Werk wurden von Hacks so geordnet, dass Heiner Müllers Leben und Werk einhundert Jahre nach Schlegels Tod zur Wiederkehr eines Romantikers wurde. – Am 16. Juli 1977 wurde in Bad Lauchstädt die Inszenierung des Maxim Gorki Theaters (mit Karin Gregorek) »Ein Gespräch im Hause Stein über den abwesenden Herrn von Goethe« im Goethe-Theater in Anwesenheit von Peter Hacks aufgeführt. Nach der Aufführung kam es zu einem Gespräch zwischen Karin Gregorek, Peter Hacks und dem Autor dieses Beitrags über das Stück und Hacks' Aufsatz über Friedrich Schlegel »Der Meineiddichter«. Hacks bestätigte, dass er in Schlegel den Dramatiker Heiner Müller abgebildet habe, während die Goethe-Gestalt des Stückes Züge von ihm trage. Damit werde der Gegensatz zwischen Klassik und Romantik in die Gegenwart übertragen; allerdings hätten nur wenige zu diesem Zeitpunkt diese Absicht bemerkt.

Barby und Goethe werden in vorliegendem Beitrag punktuell unter dem Aspekt genutzt, die Nähe zwischen ästhetischem Entwurf, gesellschaftlicher Utopie und autobiographischem Erleben bei Peter Hacks zu dokumentieren und einen Blick zu ermöglichen, wie sich der Dichter zum Gegenstand seiner Texte machte und die Komödie als Höhepunkt der Gattungsgeschichte anstrebte. Die Ähnlichkeit zwischen »Ein Gespräch im Hause Stein« und »Barby« ist in mehrfacher Hinsicht auffallend. Eine äußerliche soll zuerst angeführt werden, weil sie den Blick auf die Titelgestalten lenkt: In beiden Fällen spielen Barby und Goethe als handelnde Personen eine untergeordnete oder keine Rolle. Goethe ist allerdings Thema des gesamten Monologes Charlotte von Steins und durch einen Brief gegenwärtig. Barby ist während des gesamten Stückes als stummer und bewegungsloser Teilnehmer anwesend; am Ende des Stückes erhebt er sich aus seinem Rollstuhl, um mit wenigen Sätzen die Handlung grundlegend zu verändern. In »Ein Gespräch im Hause Stein« sitzt Herr von Stein, der »Dialog«-Partner der Stein, der durchgängig schweigt, im »Lehnstuhl«, »er ist ausgestopft«[6]. In »Barby« sitzt die Titelgestalt im Rollstuhl und wird »von einer mit dem Ziel vollkommener Täuschung die Natur nachahmenden Puppe dargestellt« (HW 6/274). Goethe und Barby sind weltgeschichtliche Größen, Weltgeistverkörperungen, die nur im Ausnahmefall bis in die Alltäglichkeit hinein Einfluss nehmen. Dann allerdings geschieht das mit außergewöhnlichen Mitteln; es ist die Rolle des Intellektuellen in historischer Mission, die Hacks diesen Gestalten auflegt und in der er sich selbst sieht.

Zur Gestaltung seiner Themen nutzte Hacks dramaturgisch die Stücke Aristophanes', Shakespeares, Molières und Goethes, auch die der französischen Klassizisten Racine und Corneille, schließlich Shaws. Zu den auserwählten Traditionen gehören die verdrängten und ausgestoßenen: Romantik, die keine Ideale habe – Ideale seien aber Maßstab aller Utopien –, kritischer Realismus, Junges Deutschland, Naturalismus; »Kleist, Grabbe und Büchner sind von nichts ein Anfang. Sie sind nicht einmal der Anfang vom Ende«.[7] Das galt auch für Henrik Ibsen und Gerhart Hauptmann, die in seiner literarischen Landschaft statt eines Gebirges nur »Hügel«[8] waren. Das moderne Theater seit Georg Büchner samt dem Stationenstück, wie es der »Woyzeck« präsentierte und später August Strindberg anbot, waren seine Sache nicht. Er verzichtete damit auf wichtige Wurzeln seiner utopischen Entwürfe.

Je älter er wurde, desto radikaler trat er gegen die Romantik an, die für ihn keine Epoche, sondern eine Geisteshaltung war. Der schlimmste Romantiker war für ihn sein Zeitgenosse Heiner Müller, der das Erbe der Romantik in sich trage und vervollkommnet habe, während in der Kunstwelt des Peter Hacks der Aufbruch in die sozialistische Klassik geschah, angeführt vom Klassiker Hacks. Die Romantik eignete sich beispielhaft, um Bilder der Gegner und Feinde zu schaffen, die sich Hacks auch schon einmal zur eigenen Erhöhung schuf, wenn er sie nicht in dem von ihm gewünschten Maße vorfand. Die Gegensätzlichkeit der Entwürfe und der Lebensprogramme, der verpflichtenden Traditionen und der zu lebenden Biographien ging mit Heiner Müllers Tod 1995 zu Ende. Hacks wurde der einsame Eremit, der seine Testamente schrieb. Seine Werke nach 1989 wurden Vermächtnisse; sie suchen ihre Erben.

Favorisiert wurde als Form die Komödie im Gegensatz zum »bürgerlichen Lustspiel«. Komödie und Tragödie sah er gleichberechtigt nebeneinander, denn: »Das Schreckliche und das Rettende sind auch heute nicht zu trennen«, aber: »Die Komödie hat keine erfreulichere Materie als die Tragödie, nur eben einen gescheitern Verfasser«.⁹ Er berief sich auf Shakespeare und meinte sich. Er vertraute der heiteren Kunst und der Hemmnisse lösenden Kraft des Komödiantischen. Daraus entstand eine phantastische Welt, die von den Zwängen des Alltags ebenso wenig beeinträchtigt wurde wie vom verabscheuungswürdigen Dilettantismus der Unbildung. Wo Hacks heiter war, war der Alltag kunstwürdig und wurde in die Komödie erhoben.

Der Begriff des »bürgerlichen Lustspiels«, so die Gattungsbezeichnung des »Müllers von Sanssouci«, sollte zwei Grenzen ziehen: Einmal brachte es den Nachweis, dass die Zeit der bürgerlichen Welt noch vorhanden war und ihr Niedergang beschrieben werden musste; »bürgerlich« hieß für Hacks abgewirtschaftet. Das »bürgerliche Lustspiel« beschrieb der Vergangenheit Angehörendes, Untergehendes, Überholtes. Das »bürgerliche Lustspiel« eignete sich nicht zur Projektion autobiographischer Ansprüche. »Komödie« dagegen wurde die Grenzüberschreitung zum utopischen Entwurf wie »Adam und Eva« (1972), nachdem er mit »Die Sorgen und die Macht« (1959–1962) ganz im Sinne Shakespeares die Historie zur Komödie machen wollte, was ihm von der Parteiführung in der DDR nicht abgenommen wurde: Zu sehr leuchtete statt der Utopie die schwierige Alltäglichkeit als Gegenwart durch, die nicht die von Hacks vorgenommene Erhöhung in die Komödie mitmachte. Ein bürgerliches Lustspiel arbeitete nach Hacks mit Charakteren geringen Formats[10] und Zerrfiguren.

Der »Versuch über das Theaterstück von morgen«, der die Grenze zur Vergangenheit zog, die gesicherte Tradition deutscher Klassik bestätigte und die von Hacks ausgearbeitete Theorie von einer sozialistischen Klassik begründete, entstand im Februar 1960. Die Themen veränderten sich in dem Maße, in dem Hacks der Meinung war, die sozialistische Idee würde nicht nur zur Negation des Kapitalismus führen, sondern wäre auch in der Lage, eine moderne Industriegesellschaft zu führen. Die entscheidende Schrift wurde »Das Poetische« (1961). Die Folge war die Aufnahme einer Fülle antiker Stoffe, die keine Flucht aus der aktuellen Wirklichkeit bedeuteten, wie Hacks-Interpreten meinten, die ihn nach seinen Schwierigkeiten mit den Stücken »Die Sorgen und die Macht« (1959) und »Moritz Tassow« (1961) nur zu gern als Dissidenten sehen wollten. Der Rückgriff auf die Antike wollte die aktuelle Wirklichkeit mit frühen Entwürfen von Schönheit, Dichtung, Heiterkeit und Frieden versorgen, die Wiederkehr einer Gesellschaftsformation auf einer höheren Stufe skizzieren. So entstanden 1962 »Frieden« nach Aristophanes, »Amphitryon« (1967) und »Omphale« (1969), um nur einige Titel zu nennen. Auch »Senecas Tod« gehört dazu, ein »unendlich traurig-fröhliches Stück – die sich selbst ironisierende Kolportage«[11]. Die Hacks auf den Leib geschneiderte »Schöne Helena« wurde zum Welterfolg. Aus Offenbachs Operette machte Hacks eine Operette für Schauspieler, eine Travestie auf eine menschenfeindliche Macht. Während die Göttlichkeit der Liebe erhalten bleibt, wird die Göttlichkeit dieser Macht zerstört. Die Liebe feiert Triumphe, während der Staat mit seinen unfähigen, dummen und geistlosen Repräsentanten sich selbst aufhebt. Sie gehörten nicht zu jenen historischen Beispielen, mit denen sich ein Hacks vergleichen wollte. Nicht einmal die Götter entsprachen ihm, denn sie waren wie ihre irdischen Repräsentanten Dummköpfe. Je dümmlicher die Macht ausgestellt wird – Ajax I und II, Agamemnon –, desto nachdrücklicher kann Helena den Anspruch erheben, ihre Liebe göttlich zu leben. Aber, und das ist bei aller Heiterkeit Hacks' Warnung: Die Dümmlichkeit der Mächtigen in einer inhaltsleeren Macht hat zu einem der barbarischsten Kriege der Weltgeschichte geführt, dem Trojanischen Krieg. Unfähige der Dummheit zu überführen, schützt nicht vor deren Aggressionen, sondern befördert sie. Die Ansichten von Heiner Müller und Peter Hacks berührten sich an diesem Punkt. Sie trafen sich auch insofern, dass beide den Staat und die Staatsform der Demokratie im Sinne Platos als eine überlebte Erscheinung sahen. Hacks fand in Plato auch einen geistigen Vertreter des Prinzips der Weltseele, die dem Weltgeist Hegels nahestand. Hacks liebte keinen starken Staat, wie oft behauptet wurde. Seine Neigung zu Stalin und Ulbricht entsprach der Vorliebe für die Macht des Einzelnen, die Napoleons – Hegels »Weltgeist zu Pferde« –, Stalins, Ulbrichts, Goethes und Barbys. Staat bestand aus den Unauffälligen; in »Barby« wurde in kabarettistischer Zuspitzung beschrieben, dass der Staat aus Menschen bestehe, deshalb unzulänglich sei, denn man wisse doch »woraus er [der Mensch, R. B.] besteht« (HW 6/293). Konfrontiert wurde die Unzulänglichkeit des unauffälligen Menschen mit der Einmaligkeit der geschichtlichen Persönlichkeiten. Barby, dem Weltgeist ähnlich, nahm an großen historischen Ereignissen teil: Er war General bei Cromwell 1649 und Marschall bei Napoleon 1812, Veteran der I. Internationale, Gründungsmitglied des Spartakusbundes und als Major am Sieg der Roten Armee 1945 beteiligt. Die Namensreihe machte Hacks' summierende Reihe bei der Verwirklichung des Endzwecks der Geschichte aus, in die er seinen Barby, aber auch sich selbst stellen wollte. Dabei konnte er sich auf ein Adelsgeschlecht Barby berufen, das vom 15. bis zum 20. Jahrhundert hohe kirchliche, politische und militärische Ränge in Mitteleuropa innehatte.

Mit diesen Bezügen ließ Hacks den Machtanspruch in seiner Kunstwelt bildhaft werden. Kunst war kein Genuss, keine Bedürfnisbefriedigung, Kunst war im klassischen Sinn ein Erziehungsmittel und Machtausübung: Dem Volk sollte – mit gefälligen Mitteln – jene Bildung aufgezwungen werden, die es zum Eintritt in das Reich der Schönheit benötigte. Hier wirkten Schiller, Hegel und programmatische Maximen wie »Kunst ist Waffe!« in einem Bündel von Traditionen nach, die Kunst eine gesellschaftsverändernde Funktion zubilligten. Wie weit das reichte und verstanden wurde, wird darin deutlich, dass Hacks' Stück »Die Sorgen und die Macht« von einer Erziehungsvorstellung ausgegangen war, die an die I. Bitterfelder Konferenz 1959 erinnerte. Peter Hacks war – ein Jahr vor dieser Konferenz – einige Zeit in eine Bitterfelder Brikettfabrik gegangen und hatte seinen Stoff gesucht. Einige Jahre später, als die dritte Fassung des Stückes 1962 am Deutschen Theater Berlin Premiere hatte, wusste Hacks um die Schwierigkeit, die Gegenwart zu analysieren und für den utopischen Entwurf nutzbar zu machen:

> »Der Künstler wird zum Forscher; er sammelt, analysiert. Die erste Fassung von ›Die Sorgen und die Macht‹ verriet ökonomisches und politisches Wissen, verriet Detailkenntnis. Sie verriet auch das Fehlen einer lebendigen Zeitstück-Tradition.«[12]

Die erste Fassung verriet noch mehr: Die Vorstellung vom überragenden Individuum, das der Masse das Reich der Kunst öffnete, hatte (noch) keine Grundlage gefunden.

Der Weg zum neuen Aristophanes, dem Komödiendichter, war ebenso weit wie der Weg zum sozialistischen Klassiker, dem Vollender Goethes.

Nahm man beides zusammen, die Komödie und Goethe, ergab sich für Peter Hacks Zusammenführung und Übersteigerung. Goethe hatte die Komödie nur zum Fragment führen können, weil ihm der entsprechende postrevolutionäre Zustand fehlte. Hacks aber, der sich als Dramatiker des postrevolutionären Zeitalters betrachtete, sah sein Ziel darin, der Komödie ihren Platz als ästhetische Form der idealen Gesellschaft anzuweisen.

II. Der Maßstab:
Goethes Nachfolger und der sozialistische Klassiker

Hacks wurde im 20. Jahrhundert einer der meistgespielten deutschen Dramatiker. Sein Monodrama »Ein Gespräch im Hause Stein über den abwesenden Herrn von Goethe« (1976) wurde eines der erfolgreichsten, wenn nicht das erfolgreichste deutsche Drama des 20. Jahrhunderts: Gespielt an 170 deutschen Theatern und in 21 Ländern der Welt, bewies es, dass deutsche Dramatik im Besonderen und deutsche Literatur im Allgemeinen nicht nur akademischen Wert haben, wie ihnen oft nachgesagt wird. Nach 1989 nahmen die Aufführungszahlen ab, aber so still, wie manchmal behauptet wird, ist es um ihn nicht geworden. Selbst seine hartnäckige Verweigerung gegenüber einem wiederum bürgerlich gewordenen Deutschland änderte nichts an Inszenierungen von »Ein Gespräch im Hause Stein über den abwesenden Herrn von Goethe«. Heidi Urbahn de Jauregui, die engagierteste Vorkämpferin für den Dichter, erklärte das aus Hacks' Anspruch an die historische Persönlichkeit:

> »Am Beispiel Goethes und des Weimarer Mikrokosmos wird das Thema des gesellschaftlichen Grenzfalles behandelt. Das stellte ein brennend wichtiges Thema in einer Gesellschaft dar, deren erklärtes Ziel die Gleichheit war; das ist nicht minder bedeutsam in einer Gesellschaft, die der Freiheit den erklärten Vortritt einräumt und in der das Mit- und Gegeneinander des besonderen Einzelnen und der ihn tragenden und von ihm getragenen Gesellschaft im Einerlei des nichts mehr betreffenden Konformismus unterzugehen droht.«[13]

Ähnlich erklärte die Wissenschaft das Werk von Peter Hacks in der Gegenwart. Auf die Einladungen zu einem Kolloquium im Jahre 2000 reagierte Hacks trotz der Vorsprachen seiner Freunde Armin Stolper und Rudi Strahl nicht, so dass sich Letzterer bereit erklärte, den Part von Hacks zu übernehmen, was durch Strahls schwere Erkrankung verhindert wurde. Am Kolloquium »Rettung der Tradition. Peter Hacks«, vom 17. bis 19. November 2000 an der Ostsee-Akademie Lübeck-Travemünde, nahmen hundertsiebzehn Freunde der Werke Hacks' aus drei Ländern teil.[14] Einig waren sich Referenten und Teilnehmer, dass Hacks »ein unzeitgemäßer Dichter«[15] geworden war, weil seine Publikumsvorstellungen durch die Veränderungen 1989 grundsätzlich ihre Basis verloren hatten, während sein sich verwirklichender Weltgeist, der auch schon zuvor weitgehend im Denken des Dichters präsent gewesen war, lebendig blieb. Einen deutlichen Hinweis auf diese Veränderung gab es bei einer Inszenierung von »Barby« im Berliner Theater im Palast 1990: Die Kritik meinte, die Zeit sei in Anbetracht der aktuellen Ereignisse »wohl endgültig über das Stück hinweggegangen«[16]. Die Kritik hatte nur die Geschehnisse betrachtet, nicht den Anspruch einer zukünftigen Welt, aus der Antike kommend und in die Qualität der Komödie umschlagend. Aber dafür war die Zeit ebenfalls nicht mehr geeignet.

Hacks wollte nicht nur ein deutscher Dichter sein, er wollte Dichter sein. Europäisches Denken war ihm dabei selbstverständlich. Er nahm in sein Denken nie nur eine Kunst, eine Kultur auf, sondern verstand Kultur als Voraussetzung der Menschwerdung. Mit »Ein Gespräch im Hause Stein über den abwesenden Herrn von Goethe« erfüllte sich Hacks diese Ansprüche.[17] Obwohl als »Schauspiel« ausgewiesen, kommt das Monodrama den von Hacks vorgenommenen Bestimmungen der Komödie nach. Dass er nicht nur Goethes Geliebter Charlotte von Stein die Bühne übergab, sondern das Stück für seine Geliebte Karin Gregorek schrieb, verstärkte den Eindruck, dass ästhetisches Konzept und autobiographischer Anspruch zusammenfielen.

Für »Ein Gespräch im Hause Stein über den abwesenden Herrn von Goethe« sind unter dieser Voraussetzung drei Lesarten abzuleiten: Die erste ergibt sich aus dem Thema. Charlotte von Stein wird damit konfrontiert, dass Goethe ein Genie ist und sich als solches auch versteht. Sie muss das widerstrebend anerkennen. Die vorhandenen gesellschaftlichen Normen, Konventionen und Verhaltensweisen, in diesem Fall absolutistischer Prägung, sind für das Genie bedeutungslos, und es setzt sich über sie hinweg. Nur so kommt das Genie zur Wirkung und nützt dabei auch dem Staat: »Weimar, das ist Goethe.« (HW 5/100) Bei diesem Vorgang heben sich auch die sozialen Barrieren auf; entscheidend ist nicht die Herkunft des Menschen, sondern sein Einsatz für die Menschen. Das Genie kann, wie es die Stein Goethe unterstellt, »verächtlich« auf den »Rest der Gesellschaft« (HW 5/112) sehen. Ihm ist es gleichgültig, wie sich die vorhandenen gesellschaftlichen Bedingungen mit ihm abfinden; vielmehr schreibt es diesen Bedingungen seine Lebensprinzipien vor: »Es war also folglich die Reihe an ihm, sich einzurichten, aber daran dachte er zu meiner Überraschung nicht eine Sekunde. Er ließ die Welt Welt sein und blieb, der er war.« (HW 5/105) Diese Lesart ist den Prinzipien des Sturm und Dranges verbunden, bezieht aber andererseits Hacks' Auffassung vom herausragenden Individuum und seiner Einzigartigkeit ein, wobei das geniale Individuum von einsamer Überlegenheit gekennzeichnet wird. Das war nicht mehr die Welt Goethes, sondern die des Peter Hacks.

Die zweite Lesart ist die, dass ein Genie in allen Gesellschaftsformationen sich seine Bedingungen selbst schafft und die Gesellschaft das anerkennen muss, will sie sich dieses Genies bedienen. Unter dieser Voraussetzung ist es gleichgültig, ob es sich um den Absolutismus und den Sturm und Drang oder den Sozialismus und den Kommunismus handelt. Goethe wurde für Peter Hacks das Exempel, an dem er diese Auffassung entwickelte. War das Stück der literarische Versuch, diese Auffassung zu illustrieren, so war seine Rede 1982 vor der Goethe-Gesellschaft »Über eine Goethesche Auskunft zu Fragen der Theaterarchitektur« die theoretische Begründung der Illustration. Die Grundthese war: »Ich halte dafür, daß Shakespeare und Goethe in keinem Punkt von Belang irrten.«[18] Das war zu erweitern: Auch Hacks irrte nie in einem Punkte von Belang. Goethes Verlangen nach einem eigenen Hoftheater war für Hacks die Grundlage, um das Hoftheater zur höchsten Form des Theaters zu erklären. Nur dort fänden sich die Voraussetzungen einer vollkommenen Theaterkunst: die »Zuschauerhaltung« im Sinne von Aristoteles' »*Furcht und Mitleid«* und die »Teilnahme am Bühnengeschehen« mit »einer hinlänglichen Höhe der Genußerwartung« (HW 13/329). Der architektonische Ausdruck dafür sei das klassische Theater mit Vorhang, Proszenium und Fürstenloge, »die dem Körper des Publikums einen Kopf aufsetzt« (HW 13/329). Davon leitete Hacks den Anspruch ab, dass auch die sozialistische Gesellschaft ein sozialistisches Hoftheater entwickeln müsse. So wie in jenem Goethe der Hausherr war, so sollte es in diesem Hacks sein.

Die dritte Lesart schließlich leitete sich aus dieser Auffassung ab: Hacks empfand sich als den neuen Goethe und als sozialistischen Klassiker, also als eine weitere Inkarnation des Weltgeistes bei seiner Verwirklichung. Insofern war das Stück auch voller biographischer Bezüge. In der gleichen Zeit schrieb er den Essay »Der Meineiddichter«, der auf den ersten Blick über Friedrich Schlegel als den »Erfinder der Romantik« (HW 13/258) handelte. Die Romantik war für Hacks unter Vernachlässigung der historischen Romantik der Inbegriff des Reaktionären, »die in einer Stimmung versammelten Abneigungen gegen Napoleon. Die Romantik ist der Geist aller Geister, die dem 19. Jahrhundert sich verweigern. Die Romantik ist der Überbau der gegenbonapartistischen Fronde« (HW 13/318). Aber es war kaum Friedrich Schlegel gemeint, sondern Heiner Müller, den Hacks als seinen wichtigsten Gegner betrachtete. Im Umfeld Napoleons bündelte Hacks die Konfrontationen zwischen Weltgeist und unvollkommener Wirklichkeit, Napoleon und Romantiker, Goethe und Friedrich Schlegel, Peter Hacks und Heiner Müller. Noch schärfer ging Hacks in seiner Schrift »Zur Romantik« mit der literarischen Strömung um: »Romantik, das ist mißlungene Literatur«[19]. Aber nicht nur das, sie war für ihn auch »das durchweg Abscheuliche«, sei »Ungenießbarkeit«, vertreten durch die »biologische Überzahl der Unfähigen« (HW 15/107). Er setzte dagegen, und das wiederum gehört zum Umfeld des »Gesprächs im Hause Stein«, seine rigorose Bestimmung der Klassik: »Die Kunstrichtung der Klassik bestand aus einem einzigen Autor, Goethe.« (HW 15/105) Schiller habe sich nur zeitweilig angeschlossen, Wieland und Heine hätten mit den Grundgedanken der Klassik übereingestimmt, ohne selbst klassisch zu arbeiten. Hacks meinte allerdings die Gegenwart und die Ausbreitung irrationaler reaktionärer

Gedanken und Praktiken, romantischer Gedanken und Praktiken, denen er nach wie vor seine Klassik entgegensetzte, die eines Goethe und die eines Hacks.

Es handelt sich bei »Ein Gespräch im Hause Stein« aber nicht nur unter diesem Gesichtspunkt um ein ausgesprochen politisches Stück. Hacks hat deutlich und nachdrücklich in seinem Essay zu dem Stück darauf aufmerksam gemacht:

> »Was ungelöst sei? – Eigentlich alles, wovon das Stück handelt. Wir beobachten eine Frau und ein Genie. Wenn es in unserer Gesellschaft zwei Sorten von Leuten gibt, mit denen sie nicht recht etwas anzufangen weiß, sind es die Frauen und die Genies. Das ist beileibe nicht irgendjemandes Ungeschicklichkeit anzulasten; es folgt notwendig aus dem gegenwärtigen Produktionszustand.«[20]

Der politische Gehalt des Stückes liegt, neben der sozial-gesellschaftlichen Rolle der Frau, im Umgang einer Gesellschaft mit ihren Genies. Hier wird auch die Aktualität am greifbarsten, denn es ging Hacks nicht um den Umgang mit dem Genie Goethe – das lag zurück und konnte nur als Beispiel dienen –, sondern um den Umgang der sozialistischen Gesellschaft in der DDR mit dem Genie Peter Hacks. In Stück und Essay gestand Hacks ein, für diese Probleme noch keine Lösungen bieten zu können und lediglich in der Lage zu sein, die Sachverhalte und ihre Schwierigkeit zu beschreiben. Aber er drängte auf eine Diskussion, die – verfolgt man die Beschäftigung mit der Klassik in der Öffentlichkeit der DDR – voll im Gange war. Am Ende dieser Diskussion forderte er nichts Geringeres als die vollständige Souveränität dieses genialen Individuums, dem alle technisch-materiellen Möglichkeiten zur Verfügung gestellt werden sollten. Das bedeutete mit dem Blick auf den Dramatiker die Errichtung eines sozialistischen Hoftheaters, wie er es 1982 dezidiert forderte.

Der abwesende Herr von Goethe bleibt bei Hacks Sieger auf dem vorhandenen Schlachtfeld: Der Dichter bleibt Sieger, letztlich bleibt Hacks Sieger. Das gehörte zu seiner Theorie, mit dem Ideal seiner Gesellschaft in Übereinstimmung zu kommen und den Widerspruch zwischen Ideal und Wirklichkeit anzunehmen. Das Ideal war bei Hacks an die Stelle der Utopie getreten, wie sie Heiner Müller oder Volker Braun verwendet hatten. Der Dichter wird immer das Ideal am Leuchten halten; konservative Beharrlichkeit wie die der Stein, scheinbar stabil, scheitert. Beide Positionen gehören zu seiner »postrevolutionären Dramaturgie« und der »sozialistischen Klassik«, an denen er trotz Enttäuschungen in der DDR nichts wesentlich änderte. Grundgedanke war, dass große Stoffe mit artistischen und glanzvollen Mitteln, für die Hacks den Begriff »Pomp« nicht scheute, und auch mit dem Vers den freien Menschen als Gestalter seiner Gesellschaft vorstellen sollten.

Hacks hat in allen seinen Stücken immer gegenwärtige Vorgänge im Blick gehabt. Meist lassen sich Entsprechungen deutlich erkennen, denn der historische Gegenstand hat für Hacks keinen Selbstzweck, sondern parabolische Bedeutung. Wendet man das Verfahren auf das Stück »Ein Gespräch im Hause Stein« an, sind solche Entsprechungen mindestens zu vermuten. Goethe ist ein Vorläufer von Hacks, daraus machte der Dichter nie ein Geheimnis; das Herzogtum Sachsen-Weimar-Eisenach, klein und arm, hat Ähnlichkeiten mit der DDR, auch im Widerspruch zwischen Anspruch und Wirklichkeit und bei der Überhöhung Goethes. Daran hielt Hacks auch nach der Wende 1989 fest. In seinem Essay »Lenzens Eseley« (1990) begründete er die »Geistesfreiheit« Weimars, die es zu verteidigen galt, mit den »Namen der nicht wenigen Geistesschaffenden, die es ausbürgerte«[21]. Das galt für Weimar – denkt man an Lenz –, es galt ebenso für die DDR. Der ausgestopfte Herr von Stein, den Klassisches nicht interessiert, ließe sich als Hacks' Intimfeind Heiner Müller denken, die Frau von Stein – neben der Anlehnung an Karin Gregorek – als die von Hacks geliebte Inge Müller, der auch die Bilder anderer Frauen aufgelegt wurden. Materialien aus Heiner Müllers Nachlass belegen: Die Müllers und Hacks hatten ein »herzliches und schwieriges Verhältnis zwischen zwei Männern und einer Frau Ende der fünfziger, Anfang der sechziger Jahre. Und Hacks war mit seiner Begeisterung offenbar nicht allein. Viele Männer lagen Inge Müller zu Füßen. Rückblickend schrieb ihr Mann: ›Eigentlich waren alle in Inge verliebt, Hacks auch.‹ Und Peter Hacks hatte wohl ein besonders enges Verhältnis zu ihr.«[22] Als Inge Müller Hacks zurückwies, begründete sie das damit: »Ich liebe ihn. Genügt Dir das? als Erklärung meine ich, und: Er ist ein Genie.«[23] Schließlich wurde Inge Müller im Freundeskreis so beschrieben, wie auch Charlotte von Stein beschrieben worden ist: Mit »großen, brennenden schwarzen Augen [...] mit schmaler Taille«[24]. Ein Genie zu sein, gestand Hacks Heiner Müller aber nicht zu, konnte er ihm nicht zugestehen, ohne den eigenen Anspruch in Frage zu stellen. Solche Entsprechungen waren nicht deckungsgleich, signalisierten aber die Bemühungen Hacks', sich als sozialistischer Klassiker zu profilieren und ein Staatsdichter sein zu wollen. Verallgemeinert wäre das Thema auch »zu bezeichnen: Das (poetische) Genie und die Gesellschaft – vorausgesetzt, man könnte sich dazu entschließen, in Charlotte ›die Gesellschaft‹ verkörpert zu sehen«[25].

Hacks wollte keinen Beifall einer bereitwillig folgenden Masse, er wollte die Provokation und den Angriff, er wollte einzig und damit einsam sein. Dafür suchte er Anerkennung. In seiner Einmaligkeit bewahrte er Utopien und Entwürfe, die mit dem Untergang jener Staaten, die diese Utopien zu ihrem Alibi verwendet hatten, in der Versenkung verschwanden. Hacks wollte eine andere Zukunft der Menschheit. Er versuchte ihre Konturen und Inhalte in ästhetischen Formen zu erhalten und mit ästhetischen Mitteln zu verbreiten. Solange Kunst noch angenommen wird, ist diesem Verfahren Erfolg beschieden. Hacks war einer der letzten entschiedenen Verfechter einer wirkungsvollen, auch erziehenden Kunst. Er blieb bis zum Tod seiner These treu, dass Ästhetik wichtiger ist als die Politik, Dichter bedeutungsvoller als Politiker, der Dichter Goethe bleibender als der Minister Goethe, das große historische Individuum bedeutungsvoller als die opportunistische Masse, der Weltgeist wichtiger als die alltägliche Politik. Wie auch immer er seine Rechnung aufmachte, sie ging nicht auf. Zwar hatte er sein Ziel erreicht, aber um den Preis der Vereinsamung.

III. Der sozialistische Aristophanes: Lustspiel und Komödie

In einer Sitzung der Arbeitsgruppe Ästhetik in der Sektion Literatur der Akademie der Künste beschäftigten sich am 26. Februar 1979 Literaturwissenschaftler und Dramatiker mit drei der erfolgreichsten Lustspiele Rudi Strahls (1931–2001): »In Sachen Adam und Eva« (1969), »Ein irrer Duft von frischem Heu« (1975) und »Arno Prinz von Wolkenstein« (1977). Im Hintergrund stand, dass Strahls jüngstes Stück »Die Flüsterparty« (1978) vor der Premiere von der Bühne verbannt worden war. Anlass waren keine ästhetischen, sondern politische Gründe. Die anderen Stücke Strahls nahmen grundsätzlich Spitzenpositionen in den Aufführungsstatistiken der Theater ein. Ausführlich zu den drei Stücken sprach der Dramaturg und Übersetzer Gerhard Piens (1921–1996), mit dem Hacks bekannt war und den er einmal zugleich als »außergewöhnliche Erscheinung« und »Flachkopf«[26] bezeichnete. Peter Hacks fiel Piens nicht nur mit ironischen Bemerkungen ins Wort und widersprach ihm in Nebensächlichkeiten, vielmehr übernahm er in dem Gespräch allmählich den größten Part und nahm Helmut Baierl, der die Sitzung moderierte, die Leitung ab. Sieht man das Protokoll durch, bemerkt man, wie im Gespräch Hacks mehr und mehr Strahls Lustspiele zur Beschreibung seiner Komödienauffassung und zur Bestimmung der eigenen Prinzipien nutzte.

Hacks stellte in der Diskussion ein System der Lustspiele auf. Ganz unten sah er das Boulevardstück, das keine kathartische Reinigung auslöse, sondern es finde am Ende »ein allgemeines Suhlen im Sumpf«[27] statt. Die nächste Stufe nahm das Intrigenstück ein, »wo sich der Zweck im Effekt erschöpft«[28]. Das sei zwar in Deutschland beliebt, aber alles in allem doch eine »unangenehme Zwischenstufe«. Dann kam Hacks zur prinzipiellen Einschätzung und zu einem neuen Anfang: »Nachdem ich alle anderen Antworten verworfen habe, bin ich gezwungen, meine eigene für die richtige zu erklären.«[29] Über eine Beschreibung der Stückstruktur Strahls, die für die Theater zu schwer sei, denn die Theater wären nicht mehr in der Lage, solche Stücke zu spielen, stellte er die entscheidende Frage nach dem Aristophanischen im Lustspiel. Piens hatte Hacks zu Beginn gereizt, indem er Strahl mehr Aristophanisches zugebilligt hatte als Hacks, denn Strahl habe wie Aristophanes »die Gegenwart kunstfähig zu machen« versucht, Hacks aber habe sich nicht mehr »mit der Gegenwart« eingelassen, sondern »Historisches oder Mythologisches in die Gegenwart«[30] eingebracht. Nun insistierte Hacks: »Was ist das mit dem Aristophanischen an Strahl?«[31] Damit deutlich wurde, in welcher Richtung er die Antwort suchte, bat er um die Klärung des folgenden Sachverhaltes: »[...] Molière und Shakespeare und Shaw – außer den späten Shaws – sind nicht aristophanische Komödien, und Strahls Komödien scheinen aristophanische zu sein.«[32]

Als die Diskussion eine andere Richtung zu nehmen drohte, griff er erneut ein, attackierte nun die Struktur der Stücke Strahls schärfer, wies ihnen »dramaturgische Fehler« nach und bezichtigte Strahl, Einfallsdramen zu schreiben, aber ein wirkliches Drama benötige keinen Einfall. Shakespeare, Goethe, Schiller, Sophokles und er hätten nie Einfälle gehabt. »Einfallsdramatiker«[33] seien »Leute von Witz, weil das Suchen nach dem Einfall analog ist zum Suchen nach dem Witz in der Sprache, während das Suchen nach der Dramaturgie analog ist dem Suchen nach der höheren Schönheit oder der Gehobenheit der Sprache. Das heißt, die eigentliche Komödie, also die Komödie von Molière, ist überhaupt nicht witzig. Auch Shakespeare ist komisch durch Situationen [...]«[34] In einer dritten und letzten Phase des Gesprächs zwang Hacks die Teilnehmer, sich seine Vorstellung von Dramaturgie und von der Komödie anzuhören. Er sah sich dazu legitimiert durch seine »hervorragenden Komödien«[35] und die Beobachtung, »der bisher (ihm) bekannte beste Horror-Autor« – dabei bezog er sich auf »Die Fische« (1975) – zu sein. Er berief sich auf die Definition Goethes von den Naturformen der Dichtung und propagierte die klassische Ästhetik: »[...] ein anständiger Mensch kennt nur drei Genre: Lyrik, Prosa und Dramatik. Alles andere ist schon fauler Zauber.«[36] Und er verdichtete seine ausführlichen Beschreibungen, Argumentationen, kritischen Hinweise und aufführungspraktischen Erfahrungen in der Be-stimmung der Komödie, »seiner« Komödie:

> »[...] Komödien spielen nicht unter dem Pöbel, sie spielen unter Leuten, die, wie ich versucht habe zu sagen, fast repräsentativ sind für die Gesellschaft. In dieser Haltung des begründeten Lachens, meine ich, drückt sich die Affirmation am deutlichsten aus [...]«[37]

Nicht immer wird seine Denkmethode im Laufe einer Diskussion so deutlich erkennbar wie hier. Sie führte zu der Einsicht, die bei Hacks nicht neu, aber in dieser Ausführlichkeit ungewohnt war: Der Dichter kennt die Wahrheit, nur der Dichter sagt deshalb Richtiges. Nur Hacks ist Dichter. Nur Hacks spricht die Wahrheit. Er sagt sie in der Komödie. Dieses Bekenntnis zur Autorität öffnete sich zum sokratischen Gespräch, denn Hacks wollte keine Antworten geben, sondern Fragen erzwingen. So sollte Bewegung entstehen, aus Bewegung die Zukunft, die wiederum Bewegung war. Hacks' Werke zielen auf geistige Bewegung. Sie ist das Thema, nicht ein zu erreichendes Ziel. Hacks' Weltbild ist das einer ständigen Bewegung zu einem Ziel, das sich in der Schönheit der Kunst manifestiert. Alle Wirklichkeit ist die Voraussetzung für Kunst, aber »Kunst ist die wundervolle Blüte auf dem Baum des Kunstbetriebs, aber sie entwächst ihm nicht, sie ist sein Schmarotzer« (HW 15/174). Darum weiß der Künstler, weiß der Dichter, weiß Hacks. Er weiß aber auch, dass solche Schönheit nur Symbol sein kann, Utopie ist und die Verwirklichung nicht nur den Künstler benötigt. Er lässt Lücken in seinem Werk, deutet durch Brüche Unvollständiges an und provoziert auch hier Nachfragen, etwa dann, wenn Titel nicht aufgehen wollen. »Ein Gespräch im Hause Stein über den abwesenden Herrn von Goethe« war dafür ein treffendes Beispiel: Es gab kein Gespräch, sondern nur einen Monolog.

Hacks' Ausführungen, in denen er sich zusätzlich auf Gustav Freytag berief, waren eine Absage an die Moderne und eine Grenzziehung. Er gab nur der Dramatik eine Chance, die eine kathartische Wirkung habe. Mit »Barby« gab er das Beispiel, wie dank seiner Eingriffe aus einem Lustspiel Rudi Strahls eine Komödie Peter Hacks' mit kathartischer Wirkung entstand. Der Unterschied bestand in der Qualität der Katharsis; sie war bei Strahl nicht scharf genug, weil er zu freundlich sein wollte und zu lustig. »Dramatiker sollten nicht zu freundlich sein.«[38]

Hacks war der immer wiederkehrende Fall des weltanschaulich umstrittenen, politisch je nach der herrschenden Meinung verdächtigen Dichters, der seine Kunst meisterlich beherrschte, sie aber nicht populistisch einsetzte. Als besonderes Kennzeichen Wieland Herzfeldes stellte er 1984 in einer Laudatio zu dessen 88. Geburtstag fest, Herzfelde sei zu nahe bei der Sache. Das allerdings sei ein großes Gut. Zu nahe bei »der Person zu sein, um dem großen Haufen einzuleuchten«, sei dagegen ein »großes Übel«.[39] Wer dabei begreift, dass seine parodistischen Fähigkeiten in der Kunst Ausdruck eines zynisch denkenden Philosophen und politischen Menschen sind, ist Hacks im Denken nahe. Er möchte seine plebejischen Helden, die vor allem die frühen Werke bis zum »Moritz Tassow« (1961) und der »Polly, oder: Die Bataille am Bluewater Creek« (1963) bevölkern, zu Geistesaristokraten erheben. Das gelingt, wenn dem Dichter nicht nur die Kunst und Schönheit, sondern auch die Politik anvertraut wird. So entstanden Prexaspes, Adam und Eva, Seneca und der arme Ritter, um nur einige aus der großen Schar geistig tätiger Menschen in Hacks' Werken zu nennen. Das ist die feste Grenze des Weltbildes von Hacks. Diese Grenze verteidigend, polemisiert er gegen Geistlose, schließlich auch gegen »dünkelhafte Kommunisten« wie im Gedicht »Rote Sommer«[40]. Zwar wird ihnen ein entsprechender Rilke- und George-Ton zugeordnet:

> »Dann nehmen sie den Tee aus köstlichen Geschirren,
> Plaudernd vom Klassenkampf, während ein Pfau, ein bunter,
> Gekrönter Mohrenvogel, mit metallnem Flirren
> Durch Heckenwege schreitet und zum See hinunter.«

Aber der aristokratische Ton hat keinen entsprechenden Inhalt und gerät, wieder einmal, zur Parodie: Klassenkampf ist kein Thema zum Plaudern; Kommunist zu sein heißt, auf das Radschlagen des Pfaus zu verzichten. Komödie war nicht zum Lachen, sondern Ausdruck eines Sieges. Oft hatte der Leser oder Zuschauer den Eindruck, der Dichter wollte ihn gezielt provozieren und sich unterhalten.

IV. »Barby« – die Probe aufs Exempel

Im Akademie-Gespräch über Rudi Strahls Lustspiele hatte Hacks 1979 im Zusammenhang mit der Modernität dieser Lustspiele eingeworfen, er würde Strahl bearbeiten, »in zweitausend Jahren«[41]. Diese zweitausend Jahre waren drei Jahre später vergangen: 1980 war Rudi Strahls »Er ist wieder da« ohne größere Resonanz aufgeführt worden, ungewöhnlich bei Stücken Strahls. Hacks nahm sich des Stückes an und schuf 1982 das Zeitstück »Barby« (Uraufführung 1983), das als Schwank begann und sich am Ende zur Komödie öffnete und Zukünftiges ausstellte. Auch diesmal war der Erfolg nicht überwältigend, aber befriedigend. »Barby« hatte »die

Dimension eines dramaturgischen theaterpraktischen Experiments«[42]. Hacks ging es um das Experiment, das er im Umfeld des Übergangs von der Tragödie zur Komödie ansiedelte und dessen theoretische Begründung er mit einem an Nietzsche angelehnten Titel versah.[43] Barby ist ein Unsterblicher, der in den geschichtlichen Abläufen immer ein Repräsentant der Mächtigen gewesen ist, an der Seite Cromwells, an der Napoleons usw. Nun verkörpert er Weltgeist-Tradition in der Gegenwart und trägt sie in die Zukunft.

Parallel zu den ästhetischen Diskussionen und der Auseinandersetzung mit Heiner Müller entwickelte Hacks am gefälligen Beispiel seine Dramaturgie. Besonders intensiv orientierte er sich an den Lustspielen Rudi Strahls, mit dem er befreundet war und dem er in »Barby« ein literarisches Denkmal setzte. In ironischer Zuspitzung überhöhte eine der Gestalten des Stückes Strahl zum »Dichterfürsten« – ein Titel, der sonst im Zusammenhang mit Goethe gebraucht wird –, der die Mangelerscheinungen des Sozialismus in »von der übrigen Welt bestaunten deutschen Tiefsinn in Worte gekleidet« habe: »Keine Leute, keine Leute«. (HW 6/297) Das war der Titel eines Stücks von Strahl, genannt in »Barby«.

Ähnliches hatte Heiner Müller 1969 unternommen, als er Gerhard Winterlichs Stück »Horizonte« für die Volksbühne Berlin bearbeitete und einrichtete; Benno Besson inszenierte es. Das Stück war zu den Arbeiterfestspielen vom Arbeitertheater Schwedt 1968 aufgeführt worden und hatte, trotz seines brisanten wirtschaftlichen und politischen Inhalts, wenig Erfolg gehabt. Danach sollte es von Berufsschauspielern, umgeschrieben von Heiner Müller, auf der Volksbühne aufgeführt werden, ein Vorhaben, das von Hacks-Freunden kritisch beobachtet wurde und zum Scheitern verurteilt schien: »[...] wirklichen Erfolg kann Besson nur mit einem Hacksstück haben«.[44] Die Konkurrenz stand ins Haus, der Streit zwischen Peter Hacks und Heiner Müller hatte um 1968 begonnen, betraf die Bedeutung von Tragödie und Komödie für den Geschichtsprozess und war letztlich die beginnende Auseinandersetzung um gegensätzliche Gesellschaftsentwürfe: War die Menschheit im postrevolutionären Zeitalter angekommen oder hatte sie noch barbarische Kämpfe unter Einsatz von Terror und Schrecken zu bestehen, um aus der Vorgeschichte der Menschheit in die beginnende Geschichte zu gelangen? Konnte die Menschheit die Komödie genießen oder musste sie die Tragödie ertragen? Das ausgehende 20. Jahrhundert (1989/90) und das beginnende 21. Jahrhundert (11. September 2001) haben inzwischen eine eindeutige Antwort gegeben und Hacks des Irrtums überführt, indem sie Heiner Müller recht gaben.

Hacks ging 1982/83 den Weg, den Heiner Müller fünfzehn Jahre früher gegangen war. Die Vorlage war gewichtiger, Rudi Strahl galt als einer der erfolgreichsten Lustspieldichter der DDR. Der erste Satz des Stückes, das »in den achtziger Jahren des zwanzigsten Jahrhunderts in einer Kreisstadt der DDR«[45] (HW 6/274) spielt, ist typisch für Hacks. Er legte ihn Katharina in den Mund, die sich auf die Deutsch-Prüfung zur Oberschwester vorbereitet: »Peter Hacks ist viel lustiger als Rudi Strahl.« (HW 6/275) Zu Beginn des dritten Aktes wird der Satz, reduziert um Rudi Strahl, wieder aufgenommen, da sich Katharina entschieden hat: »Für Hacks natürlich. Ohne Einschränkung.« (HW 6/308) Sätze wie dieser sind verdächtig und verräterisch. Einmal geht ihre Eindeutigkeit und Klarheit schnell verloren; die Inhalte deuten blitzartig auch das Gegenteil an. Indem der Satz aber nochmals aufgenommen wird, nun verkürzt wurde und nur den Namen »Hacks« noch enthielt, rückt er in die Nähe letzter Entscheidungen, die Katharina zu Barby führt und ihm ihre Liebe bekennen lässt. Für Katharina sind Barby und Hacks eine Person.

»Barby« zeigte den Übergang vom Lustspiel in der Art Strahls zur Qualität der Komödie, die Hacks als die Form der Zukunft prophezeite: Der unsterbliche Revolutionär wird wieder lebendig, vernichtet Opportunisten und Unentschiedene, die Schuldigen. Katharina, Barbys »Käthchen«, fällt ihm um den Hals, weil sie ihn liebt, und erlebt damit den erfüllten Augenblick.

Barby ist scheinbar versteinert und wird »plötzlich doch noch lebendig [...], um ›lebendiges‹ revolutionäres Handeln im sozialistischen Alltag von heute zu stimulieren«[46]. Hacks veränderte das Stück, ihm ging es nicht um die Bewegung des Sozialismus, sondern um die der Weltgeschichte. Sein Barby wurde noch älter: Er war als General Edmund »Hammer« Barby im Cromwell'schen Staatsrat dabei, als Marschall Barby, Herzog von Diepholz-Sulingen, auf Seite Napoleons vor Moskau, als Mitglied der I. Internationale, als Zeitgenosse Bebels, als Offizier der Roten Armee und schließlich als Bürgermeister der Kreisstadt. Nun erwacht er zu einem Gang in die Zukunft, deren Konturen erst ahnbar sind: Barby stand in Entscheidungssituationen immer auf der Seite der modernen Bewegung und wird nun auch wieder dort beginnen; er war immer der Partner von Großen der Geschichte. Die abgebildete Gegenwart ist nicht am Ziel, ganz im Gegenteil. Barbys Präsenz wird benötigt, um Unzulänglichkeiten, Planloses und Fragwürdiges zu überwinden und Bewegung auszulösen. Hacks' Unterschied von Bewegung und Ziel kommt im Stück als Gegensatz von zu bauender Straße und zu bauendem Denkmal, das Barby gewidmet sein soll, zur Wirkung: Zwischen beiden müssen sich die Figuren entscheiden. Straße wäre Bewegung, Denkmal Erstarrung.

Der Zugriff zum Stoff bezieht die Auffassung des Dichters vom Staat ein: Unter der Straße, um die es vor allem geht und mit der nichts stimmt, die jeder Regenguss hinwegspült, liegt eine Straße der Römerzeit, die allen Anforderungen genügen würde, führte sie nicht zu dicht am Haus eines Funktionärs vorbei und dürfte deshalb nicht rekonstruiert werden. In dieser römischen Frühzeit waren die Zeitgenossen einem idealen Staat bzw. Nichtstaat bereits näher als die Gegenwart. In »Barby« stand die römische Straße für Bewegung, der ewige Revolutionär Barby für die Zukunft.

Die Autoren Hacks und Strahl, vom Chefdramaturgen in Halle (Saale) für die Uraufführung 1983 im »neuen theater« zu einer Bemerkung über das Stück gebeten, reagieren, wie man es von ihnen erwartete. Hacks antwortete: »Lieber Herr Preuk, ich muss bedauern: es gibt kein Barby-Nachwort. Schönstens, Ihr Peter Hacks«. Rudi Strahl ließ wissen, er habe keine Zeit, zumal sich die für eine solche Bemerkung benötigte verdoppele, »wenn ich weiß, daß Hacks etwas zur selben Sache schreibt. So stimme ich ihm lieber unbesehen zu und bin mit schlechtem Gewissen, aber herzlich Ihr Rudi Strahl«[47]. Das Stück wurde von der Kritik als »ein ziemlich böses Stück« betrachtet, es kalkuliere »die Kollision von Ideal und bitterer Realität auf einen makabren Effekt« hin.[48] In der bitteren Realität in »Barby« agierten Egoisten, Bürokraten, Karrieristen und Opportunisten und nahmen diesen sogenannten Sozialismus, der schon

Zeichen seines Scheiterns trug, für sich in Anspruch. Es kam zur sarkastischen Lösung des Lustspiels, als diese Figuren beim Erscheinen Barbys in Ohnmacht fielen, von Katharina erschlagen wurden oder sich aus dem Fenster stürzten. Das war auch eine moralische Lösung: Außer Katharina hatte keine der Figuren den Anspruch erfüllt, der sich aus Barbys historischen Leistungen und dem daraus entstandenen Gesellschaftsentwurf ergab. Das besagte nichts anderes als: Dieser Sozialismus würde mit diesen Menschen, diesem Volk und dieser Kultur kaum etwas werden. Das aber hieß nicht, die zugehörige Utopie aufzugeben. Deshalb erwachte Barby wieder zum Leben, löste wieder Bewegung aus und schritt in eine wenig konturierte Zukunft.

Der Dramatiker Rainer Kerndl sah Strahls Vorzug darin, die Figuren nicht preisgegeben zu haben. Hacks benutze den Witz, um sie zu verurteilen. »Das Ideal wird, fast ein bißchen idealistisch, mit Realität konfrontiert.«[49] Es überlebt die junge schöne Katharina. Sie hat auf Barby gewartet, auf ihn und die lebendige Idee des Fortschritts. Katharinas Freund Klaus lebt als ein Gescheiterter weiter, denn seine Katharina hatte Barby ihre Liebe gestanden. Auch in der Vereinigung von Schönheit und Weltgeist wird es in Zukunft Opfer geben. Damit schlägt das Lustspiel, das sich der Mittel des satirischen Kabaretts bediente, in die Komödie um: Schönheit und Weltgeist-Personifikation fangen trotzdem nochmals an. Diese Lösung ist von Hacks. Barbys letzte Sätze sind Lösung und Aufbruch in einem. Auf die Niederlage der Zeitgenossen bezieht sich Barbys »Meine Feinde haben nichts zu lachen«. Auf die Verluste, die der Einsatz für Ideale bringen kann, weist Barbys »Aber verloren sind, die mich lieben«. Fast die Größe Shakespeares liegt in Barbys Schlussworten zu Katharina: »Armes schönes Ding.« (HW 6/320) Mit diesen drei Schlusssätzen ist die Szene von Schwank und Kabarett zu Historie und Tragikomödie gelangt, um in die Komödie umzuschlagen: Dem ewigen Revolutionär und Zukunftsgestalter Edmund Barby alias Peter Hacks fällt die schöne junge Frau, Katharina, »an den Hals« und wird angenommen. Schönheit und das große Individuum kommen zueinander. Das war nach Hacks' Geschmack. Aber dieses Ende war keine Erfüllung, sondern nur ein vom Scheitern bedrohter Neuanfang. In diesem Ende klingen berühmte Vorbilder an, die keine Zukunft haben. Von Shakespeares Ophelia, »das arme Kind« (»Hamlet«, 4. Aufzug, 7. Szene), über Kleists Käthchen, das seinen Friedrich Wetter, Graf vom Strahl, liebt, bis hin zu Dumas' »Der Graf von Monte Christo« – Barby heißt Edmund wie Edmond Dantès – werden wirkungsvolle Titel der Weltliteratur erinnert, in denen die junge liebende Frau dem großen und machtbewussten Mann begegnet. Meist geht die Liebe in diesem Zusammenstoß unter. Nur in märchenhafter Lösung nach Kleists Art ist sie möglich; Zukunft hat sie dabei nicht.

Strahls und Hacks' Stück wurden von dem Theaterwissenschaftler Gottfried Fischborn verglichen und zum Doppeldistichon verdichtet:

»Hacksens Barby, sonst folgend den Strahlischen Spuren,
Von noch weiter kommt er, Chef und Rebell unter – Cromwell.
Wenn der sich erhebt, verstummt das Gelächter: ein steinerner Gast.
Doch ihm, dem Ideal, fliegt das Weib an die Brust. So lachen wir
                                                                    wieder.«[50]

Fischborn erkannte die Komödie, ohne ihr tragisches Scheitern zu bedenken.

Die Hacks'sche Utopie und eine autobiographische Bestimmung sind in dem Stück erkennbar: Einmal endet die Komödie mit der Verbindung von Schönheit und Macht als Teil der Utopie. Zum anderen ist Heiterkeit auch bei Niederlagen angesagt. Die erinnerten geschichtlichen Abschnitte wollten den großen Herrscher an der Spitze eines Staates sehen wie den großen Dichter an der Spitze der Kunst. Das erklärt sich aus Hacks' geschichtsphilosophischer Sicht auf die Antike: So wie die Straße der Römer, »die bis heute dauert« und »sogar besser berechnet« ist[51], ist die Antike die erste Verwirklichung eines Menschheitsentwurfs der Vollkommenheit. Es war im Grunde das Antikebild der deutschen Klassik, das Hacks hier einmal mehr einbrachte. Die Menschheitsgeschichte gab es nur einseitig wieder. Die Grenzen des Geschichtsbildes von Peter Hacks wurden deutlich: Er glaubte die Menschheit weiter in ihrer Entwicklung gekommen, als sie tatsächlich war. Der Antikeauffassung bei Heiner Müller, der in der Antike einen vorgeschichtlichen Abschnitt der Menschheit sah, geprägt von Barbarei und Vernichtung, widersprach er grundsätzlich.

Hacks sah sich als Dichter einer »sozialistischen Klassik«, das Publikum dazu wird erst wieder in zukünftiger Zeit entstehen. Er wurde am Ende seines Lebens ein unzeitgemäßer Dichter, der sich in postrevolutionärer Zeit wähnte und erleben musste, dass sich sein Publikum in prärevolutionären Verhältnissen wieder einrichten musste, dass im Hacks'schen Weltverständnis die Zeit der Komödie wieder zurückgedrängt wurde auf die Zeit der Tragödie. Zu diesem Thema führte Peter Hacks im Jahre 2000 ironisch eine Auseinandersetzung mit dem Philosophen Georg Fülberth; der erklärte die Situation: »Der Kommunismus lebt, nämlich in den Stücken, Versen, Erzählungen und Essays von Peter Hacks. Einen anderen Ort hat er gegenwärtig nicht, und unter anderem deshalb lieben wir diesen Dichter.«[52]

Prof. Rüdiger Bernhardt ist leider verhindert gewesen, seinen Beitrag auf der Hacks-Tagung vorzutragen, aber gern auf das Angebot eingegangen, ihn im vorliegenden Tagungsband zu veröffentlichen.

1 Peter Hacks: Eine Klammer im Personenverzeichnis. In: Ders.: Werke, Bd. 15. Berlin 2003, S. 172 ff. (Zitate und Verweise im Folgenden abgekürzt als HW, mit arabischer Band- und Seitenzahl.)
2 Ders.: Autobiographie. In: HW 13/82.
3 Ders.: Interview. In: HW 13/75–81, hier S. 78.
4 Ders.: Barby. In: HW 6/273–320, hier S. 293.
5 Ders.: Der Meineiddichter. In: HW 13/258–272.
6 Ders.: Ein Gespräch im Hause Stein über den abwesenden Herrn von Goethe. HW 5/97–151, hier S. 99.
7 Ders.: Ein Motto von Shakespeare über einem Lustspiel von Büchner. In: HW 13/375–388, hier S. 386.
8 Ders.: Versuch über das Theaterstück von morgen. In: HW 13/20–37, hier S. 22.
9 Ders.: Die Geburt des Schwanks aus dem Geist der Tragödie. In: HW 15/270–282, S. 279.
10 In seinem »Versuch über das Theaterstück von morgen« nannte er einen fiktiven Guy de Chambure, der gesagt habe: »Das bürgerliche Drama arbeitet mit Mäusen«, und Hacks setzte ergänzend dagegen: »[…] das bürgerliche Drama arbeitet mit Mäusen, das sozialistische mit Elefanten.« HW 13/22.

11 Gunnar Decker: Romantikphobien. In: ndl 4/1997, S. 157.
12 Peter Hacks: Eine Neufassung, warum? Zu »Die Sorgen und die Macht«. In: HW 15/135.
13 Heidi Urbahn de Jauregui: Charlotte und Goethe: ein Monolog. In: ndl 3/1998, S. 144–153, hier S. 144.
14 Vgl. Dieter Erbe: Begeisterte Zustimmung – ungetrübt vom Widerspruch. In: unsere zeit, 8. Dezember 2000, S. 9.
15 Vgl. Rüdiger Bernhardt: Peter Hacks. In: Marxistische Blätter 2/2001, S. 94.
16 Hans-Rainer John: Dritter Versuch. In: Theater der Zeit 2/1990, S. 4.
17 Vgl. dazu Rüdiger Bernhardt: Peter Hacks. Ein Gespräch im Hause Stein über den abwesenden Herrn von Goethe. Königs Erläuterungen und Materialien Bd. 468. Hollfeld 2007.
18 Peter Hacks: Über eine Goethesche Auskunft zu Fragen der Theaterarchitektur. In: HW 13/308–333, hier S. 310.
19 Ders.: Zur Romantik. HW 15/5–107, hier S. 105.
20 Ders.: Es ließe sich fragen ... In: HW 15/199–205, hier S. 204.
21 Ders.: Lenzens Eseley. In: HW 13/405–421, hier S. 414.
22 Volker Weidermann: Hacks und Müller: Eine Feindschaft. In: FAZ, 31. August 2003, S. 21.
23 Brief Inge Müllers an Peter Hacks. Zit. in: Jan-Christoph Hauschild: Heiner Müller oder Das Prinzip Zweifel. Eine Biographie. Berlin 2001, S. 150.
24 Beschreibung von B. K. Tragelehn. In: Jan-Christoph Hauschild, a.a.O., S. 152.
25 Bernd Leistner: Unruhe um einen Klassiker. Zum Goethe-Bezug in der neueren DDR-Literatur. Halle / Leipzig 1978, S. 62. Der Verfasser hat sich mehrfach zu Hacks' Stück geäußert und es in diesem Band in den literarischen Gesamtprozess eingeordnet.
26 André Müller sen.: Gespräche mit Hacks 1963–2003. Berlin 2008, S. 85.
27 Stenographische Niederschrift der Sitzung der Arbeitsgruppe Ästhetik in der Sektion Literatur der Akademie der Künste der DDR am 26. Februar 1979, In: Berlinische Dramaturgie. Gesprächsprotokolle der von Peter Hacks geleiteten Akademiearbeitsgruppen. Hrsg. von Thomas Keck und Jens Mehrle. Bd. 3, Arbeitsgruppe Ästhetik. Berlin, erscheint 2010.
28 Ebenda, S. 31.
29 Ebenda, S. 32.
30 Ebenda, S. 9.
31 Ebenda, S. 33.
32 Ebenda, S. 34.
33 Ebenda, S. 48.

34　Ebenda, S. 48 f.
35　Ebenda, S. 68 f.
36　Ebenda, S. 60.
37　Ebenda, S. 81.
38　Ebenda, S. 30.
39　Peter Hacks: Herzfelde, 88. In: Deutsche Volkszeitung / die tat, 27. April 1984, S. 11.
40　Peter Hacks: Die Gedichte. HW 1/307.
41　Stenographische Niederschrift, S. 36.
42　Manfred Nössig: Es ist wieder da. In: Theater der Zeit 12/1983, S. 56.
43　Peter Hacks: Die Geburt des Schwanks aus dem Geist der Tragödie. An Stelle eines »Barby«-Nachwortes. HW 15/270.
44　André Müller sen, a.a.O., S. 33.
45　Rudi Strahl / Peter Hacks: Barby. In: ndl 6/1983, S. 5.
46　Gottfried Fischborn: Procedio und Oppolonius. In: ndl 6/83, S. 8.
47　Programmheft der Uraufführung, Spielzeit 1983/84, Heft 2, landestheater halle: neues theater.
48　Erika Stephan: Barby. In: Sonntag 50/1983.
49　Rainer Kerndl: Die Metamorphose eines Lustspiels. In: Neues Deutschland, 12./13. November 1983.
50　Gottfried Fischborn, a.a.O., S. 48 f.
51　Rudi Strahl / Peter Hacks, a.a.O., S. 31.
52　Georg Fülberth. Ästhetischer Kommunismus. In: konkret 11/2000, S. 63.

PHILIPP STEGLICH

Die Hacks-Rezeption nach 1990

I.

Das Jahr 2008 ist – dank der Jubiläen bei Geburts- und Todestag – nicht nur ein »Peter-Hacks-Jahr«,[1] es scheint auch das Jahr der wissenschaftlichen Beiträge zu sein, die sich mit der Hacks-Rezeption auseinandersetzen. Ursula Heukenkamp stellte in der »Zeitschrift Germanistik« die Rezeption in der DDR bis zu deren Ende dar, Ronald Weber hingegen beschäftigte sich im letzten Band des »Argos« mit der Präsenz von Hacks' Stücken auf den westdeutschen Bühnen, die man zu manchen Spielzeiten eine Omnipräsenz nennen konnte.[2]

Ganz anders wird vorliegende Bilanz ausfallen, haben sich doch in den letzten beiden Dekaden die Rezeptionsbedingungen entscheidend verändert: durch den Wegfall des »weltgeschichtlichen Bezugsrahmens« (Jan-Philipp Reemtsma), also dem Kollaps des sozialistischen Lagers 1989/90 und der deutschen Wiedervereinigung. Dieser Untergang hatte ein schlagartiges Desinteresse an allen Produkten der sozialistischen Gesellschaften zur Folge. Die nunmehr gesamtdeutsche Öffentlichkeit wollte nicht nur von Spreewaldgurken und Rotkäppchensekt nichts mehr wissen, es wurde auch die gesamte ostdeutsche Buchproduktion makuliert und auf den Müllhaufen der Geschichte geworfen. War vorher eine Kenntnis der jeweils anderen deutschen Literatur angebracht, um eine Verständigung der zwei deutschen Staaten zu ermöglichen, so war diese Pflicht obsolet geworden. Das traf sowohl die staatstreuen Vertreter der DDR-Literatur, wie auch deren Gegner, denn der sogenannte »Mauerbonus« der Dissidenten, die ihre Mission ja erfüllt hatten, fiel jetzt weg. (Die Ostalgiewelle kam erst später und macht bis heute lediglich einem breiten Publikum ehedem vertraute Produkte aus Nahrungsmittel- und Kulturindustrie wieder zugänglich.)

Die damalige Wiedervereinigungseuphorie führte zu einem Ende des öffentlichen Diskurses über die Möglichkeiten einer sozialistischen (oder auch nur »anderen«) Gesellschaft, lediglich persönliche Stasigeschichten der Autoren und Autorinnen hatten noch zeitweilige Konjunktur im Feuilleton.

Eine Figur wie der Dichter Peter Hacks, mit ihrem zwar ambivalenten Verhältnis zur Partei, aber entschiedenen Eintreten für den Staat DDR, hatte in diesem Literaturbetrieb jetzt gar keinen Platz mehr. Aber auch schon vorher war es in Ost und West durch Totschweigen, Nichtbeachten oder Boykott – man mag es nennen, wie man will – still um ihn geworden. Ronald Weber sieht den »Scheitelpunkt« der Hacks-Rezeption zu Recht im Jahr 1976, dem Jahr seiner öffentlichen Bekräftigung der Biermann-Ausbürgerung.[3] Von da an ging es bergab – auch weil Hacks' Ästhetik einer »Sozialistischen Klassik« den Theatermachern zunehmend suspekt schien, denn das Regietheater wusste mit den Hacks'schen Stücken nichts mehr anzufangen. Wenn 1976 also der Scheitelpunkt war, der absolute Nullpunkt dürfte Mitte der neunziger Jahre auszumachen sein. Waren die Uraufführungen in den Achtzigern schon an Theatern der eher zweiten Liga erfolgt, so finden sie im folgenden Jahrzehnt durchgängig nur noch an Provinzbühnen statt: Vereinigte Städtische Bühnen Krefeld-Mönchengladbach, Theater Greifswald, Piccolotheater Hamburg, Städtisches Theater Chemnitz und am Theater Erlangen.[4] Wobei zu bemerken ist, dass die Mehrzahl der in den Neunzigern entstandenen Stücke bisher keine Uraufführung erfahren hat. Eine bundesweite Wirkung des Dramatikers musste so unterbleiben.

Es ist sehr schwierig, das Nichts und das Verschweigen darzustellen. Lassen Sie es mich mit einer Anekdote versuchen, die eindrücklich das kollektive Unwissen jener Zeit in Westdeutschland belegt. Ein ehemaliger Mitschüler von mir studierte Mitte der neunziger Jahre in München an der Ludwig-Maximilians-Universität Germanistik und belegte im Fach Mittelhochdeutsch einen Kurs zum »Volksbuch von Herzog Ernst«. Die Dozentin erwähnte, als sie allgemein über die Wirkung dieses Textes sprach, dass es auch eine dramatisierte Fassung aus jüngerer Zeit gäbe – von einem gewissen »Pieter Häcks«.

So sah das damals also aus, Mitte der neunziger Jahre, in Hacks' zeitweiliger Heimat und Wirkungsstätte München.

Die seltene Ausnahme dieser Jahre bildete ein Porträt von Sigrid Löffler, das pünktlich zu Hacks' Geburtstag 1994 im Feuilleton der »Süddeutschen Zeitung« erschien. Auch sie wunderte sich:

> »Fällt im literarischen Bazar irgendwo der Name Peter Hacks, ist die Reaktion stets die gleiche: erst milde Verblüffung und kopfschüttelndes Erstaunen, dann ein halb bedauerndes, halb abwehrendes Lächeln der Verlegenheit, zum Schluß die Apropos-Frage nach seinem Verbleib. Hacks? Urlange nichts mehr gehört. Schreibt der überhaupt noch?«[5]

Sie konstatiert: »Tatsache ist, daß Peter Hacks aus dem literarischen Leben so gut wie verschwunden ist.«

Zum Teil macht sie dafür den Dichter selbst verantwortlich, der ihr bei ihrem Besuch in seiner Wohnung in der Schönhauser Allee keine technischen Aufzeichnungsmittel erlaubt. Und in der Tat ist ja die Hacks'sche Verweigerung, was Ton- und Bildaufnahmen angeht, einer der Gründe für seine Absenz im Literaturbetrieb. Mit Bekenntnissen wie »Unter den Medien schweigen die Musen« und »Ein Land, das Medien hat, braucht keine Zensur mehr«[6] wird man nicht eben ein Medienliebling.

Löffler deutet deshalb die Figur des Saul Ascher, den Hacks in seinem Großessay »Ascher gegen Jahn – Ein Freiheitskrieg« als eine Art Alter Ego:

> »Keine Zweifel, Hacks erblickt – und portraitiert, historisch verfremdet – in Ascher sich selbst: seine Isolation, seine kritische (und unbedankte) Staatstreue, seine polemische Selbstverfemung. Wie Ascher stand Hacks allein gegen alle […]«

Zu demselben Ergebnis kam der Rezensent der Zeitschrift »konkret«: »Den ersten Teil seines Buches nennt Hacks ›Einer von meinen Leuten. Das Buch Ascher‹. Und damit ist er noch immer, nach allen Veränderungen, so einsam wie zuvor.«[7]

Die Kassette »Ascher gegen Jahn«, mit einem Großessay von Peter Hacks, »Turnvater« Friedrich Ludwig Jahns »Deutsches Volkstum« und

Saul Aschers Flugschriften wider die romantischen Nationalisten, war das letzte Buch, das in Hacks' ehemaligem Hausverlag Aufbau 1991 erscheinen konnte. Um es vornehm auf Englisch zu sagen: »It dropped like a stone«. Im schwarz-rot-güldnen Einheitstaumel ging das Plädoyer wider deutsche Nationalisierungstendenzen wirkungslos unter.

Danach war Hacks ohne Verlag, bis sich der kleine, linke Verlag Edition Nautilus aus Hamburg seiner annahm. Das Erscheinen der insgesamt acht Bände bei Nautilus von 1995 bis 2001 wird von der Öffentlichkeit kaum wahrgenommen.[8]

II.

In den ganzen zwei Dekaden also, die hier resümiert werden, ist nicht die Rede vom Dramatiker, das war ohne bedeutende Inszenierungen nicht möglich. Wirkung hat Hacks allenfalls als Essayist und Lyriker entfalten können. Das Forum, das er hierfür wählte, war die westdeutsche, linke, in Hamburg erscheinende Monatsschrift »konkret – Zeitschrift für Kultur und Politik«. Hier erscheinen seine Artikel zu Ascher, Wieland und Arno Schmidt. Wirkliche Furore wird er in diesem Forum mit seinen unter dem Kolumnentitel »Jetztzeit« publizierten Gedichten machen, die ab 1998 zwei Jahre lang monatlich erscheinen. Seinem Briefpartner, dem Historiker Kurt Gossweiler, schreibt er:

> »Meine Gedichte in ›konkret‹ sind leicht zu erklären: Von den Periodika, die bereit sind, diese Gedichte zu drucken, ist ›konkret‹ das größte. Diese Reihe ›Jetztzeit‹ ist einfach das Bündnis zweier Einflußlosen.«[9]

Obwohl Hacks' die Zeitschrift »konkret« bzw. deren Herausgeber Gremliza für vom Mossad respektive von der CIA finanziert hält, bildet diese Zeitschrift *sein* Forum, auch wenn er später noch gelegentlich in den beiden kleinen kommunistischen Blättern »offensiv« und »RotFuchs« publizieren wird. Fast die gesamte essayistische und lyrische Produktion von 1990 bis zu Hacks' Tod 2003 wird in »konkret« veröffentlicht. Und nicht etwa im »Neuen Deutschland« oder der »jungen Welt«. Ein, zumal für einen ehemaligen DDR-Autor, bemerkenswerter Umstand.

Der Titel »Jetztzeit« ist eine Provokation, handelt es sich doch um »Unzeitgemäße Zeitgedichte«, wie es Heidi Urbahn de Jauregui formuliert.[10] Hacks liebt »Antiquitäten«, so sagt es Rayk Wieland und stellt weiter fest: »Hacks [war] keineswegs von gestern, sondern von vorgestern.«[11] Während Hacks zu Wiedervereinigungszeiten versucht hat, sich gegen die Deutschtümelei zu wehren, so wirft er zu Beginn der Kanzlerschaft Schröders, als die Rede vom »ökologischen Umbau« der Gesellschaft und von der »Digitalen Revolution« war, erneut die »alte« Klassenfrage auf.

Die »Jetztzeit«-Gedichte liefern Agitprop vom Feinsten. Sie handeln vom Niedergang in Zeiten des Kapitalismus, der sowohl die künstlerische Produktion als auch das Liebes- und Alltagsleben erfasst. Sie erzählen auch von alltäglichen Stadtsituationen und gern von historischen Persönlichkeiten. Das können Bürgerrechtler sein, die namentlich zur Guillotine gerufen werden, aber natürlich auch das heroische Personal des Sozialismus: Lenin, Thälmann und Ulbricht. Selbst »Venus und Stalin« sind darunter. Es ist kein einheitlicher Zyklus von Gedichten, denn man kann etwa sowohl eine Diskrepanz oder Fallhöhe als auch eine Gleichberechtigung von Inhalt und Form konstatieren. In schlichten Paarreimen wird der alltägliche Niedergang gefasst, dagegen sich göttergleich »Venus und Stalin« im Gedicht begegnen. Letzteres Poem kann als der bewusste Höhepunkt der Provokation verstanden werden, zumal es mit den Versen endet:

> »Ein milder Glanz geht, eine stille Pracht
> Unwiderstehlich aus von diesem Paar.
> Die Liebe und die Sowjetmacht
> Sind nur mitsammen darstellbar.«[12]

Diese Zeilen können durchaus programmatisch für Hacks' Ästhetik gelesen werden. Bei den Lesern und Koautoren der Zeitschrift lösten sie entweder Entsetzen oder begeisterte Zustimmung aus:

> »›konkret‹ zeichnete sich bislang durch ein nüchternes Verhältnis zum Stalinismus aus. Haßerfüllte Verteufelungen blieben dem Leser ebenso erspart wie naive Verklärungen. Und nun so etwas: Stalin als Symbolfigur der Macht der Arbeiterräte, ›väterlich‹ und

mit ›mildem Blick‹. Das ist Kitsch, ohne eine Spur von Subtilität oder Ironie. Wer wird als nächster in ›konkret‹ Stalins Speichel lecken?«[13]

Ein anderer Leser befand: »Wem es um Gereimtes zu Stalin, Onanie und Deutschland zu tun ist, der sucht solches, hoffe ich, nicht in ›konkret‹.«[14] Der Autor Joachim Rohloff wird später von »stalinistischer Seniorenerotik aus der Schönhauser Allee« sprechen.[15] Ein Teil der Leser und Autoren hatte also den Zusammenhang zwischen Liebe und Sowjetmacht durchaus verinnerlicht und störte sich daran. Begeisterte Zuschriften gab es auch, die Hacks »interstellare Weltklassebestform« bescheinigten.[16]

Am Ende des Zyklus erschien eine Verteidigung der Gedichte durch Rayk Wieland, in der er die »fiese[n] Bescheide und hymnische[n] Bekenntnisse« der Leserschaft zum Anlass nimmt, mit fünf gängigen Vorurteilen aufzuräumen. Vor allem den allseits gehegten Ironie- und Nationalismusverdacht weist er zurück:

> »*1. Hacks redet, wenn er etwa die Vorzüge von DDR, Mauer oder Stalin besingt, ironisch, d. h., er meint das Gegenteil.*
>
> Das stimmt bestimmt nicht. Den Kunstgriff der Ironie pflegt Hacks sorgsam, doch keine Pointe verrät, daß die zahlreichen Überhöhungen und grotesken Vergleiche (›Das Vaterland‹, 12/98), idyllischen Gewaltphantasien (›Appell‹, 11/98) oder anakreontischen Tableaus (›Venus und Stalin‹, 7/98), was sie besagen, negieren sollen. Die Ironie ist hier vielmehr ein angemessener Reflex auf die umfassende, vor keiner Übertreibung, Gewaltphantasie und pittoresken Elendsbezeugung zurückschreckende Dämonisierung des Realsozialismus und seiner Geschichte.«[17]

Auf die Wieland'sche Verteidigung antworten vierzehn Autoren unter der Überschrift »Reimpatrouille«, deren Urteil ebenso wie das der Leserschaft ambivalent ist und die vor allem der Frage nach der Ironie in den Gedichten – meint er das wirklich ernst? – nachgehen.[18]

Die parallel zum Zyklus erscheinenden Leserbriefe und die abschließende Debatte bilden ein einmaliges publizistisches Echo auf Hacks' Lyrik dieser Zeit.

III.

Ein kleiner zeitlicher Sprung. Schon das Erscheinen der Werkausgabe im Eulenspiegel Verlag – zeitgleich zum 75. Geburtstag des Dichters – hatte breitere Aufmerksamkeit erhalten. Die kontinuierliche Arbeit dieses Verlages, der sich um seinen Autor zuverlässig kümmert und regelmäßig neue Titel auflegt, macht sich in vermehrten Rezensionen bemerkbar. Als Hacks im August 2003 stirbt, gibt es endlich ein gewisses Rauschen im Blätterwald. Es ist allerdings bei weitem nicht mit dem Tohuwabohu zum 80. Geburtstag zu vergleichen.

Heute, fünf Jahre später, sieht die Situation ganz anders aus: Die *Edelfedern* der feuilletonistischen Kritik flechten die Sträuße, in Rundfunk und TV werden alte Aufführungen und neu produzierte Features präsentiert. Nur die hauptstädtischen Bühnen, die einmal Welterfolge mit Stücken von Hacks feiern konnten, trauen sich – wie seit Jahrzehnten – nicht, Hacks wieder einmal zu inszenieren.

Seitdem gibt es offenen Streit um die Aneignung des kulturellen Erbes der DDR, Streit um die Inbesitznahme des Hacks'schen Werkes. Den unerwarteten Höhenpunkt bildete der Artikel von Frank Schirrmacher in der »Frankfurter Allgemeinen Sonntagszeitung«. »Warum wir Hacks neu lesen müssen«, lautet der Untertitel.[19] Schirrmacher zitiert das Liebesgedicht »Beeilt euch ihr Stunden« und stellt gleich am Anfang die Gretchenfrage:

> »Die Frage ist, ob diese paar Zeilen eine halbe Bibliothek von politischen Gemeinheiten aufwiegen. Die Antwort lautet, dass neunzig Worte in der richtigen Reihenfolge mehr wert sind als zehntausend Worte in der falschen. Das Letztere ist Gesellschaft, das Erstere ist Kunst.«

Schirrmachers Artikel ist ein Plädoyer für den Genuss des Hacks'schen Werkes. Das ist keineswegs unlauter, schließlich war es Hacks' Credo, dass die Güte eines Kunstwerkes sich am Gefallen des Publikums erweise. An Heinar Kipphardt schrieb der Dichter 1969:

> »In der Wirklichkeit gibt es nur zwei Sorten von Theaterstücken, diejenigen, die allen gefallen, und diejenigen, die niemandem gefallen. Die Idee, man könne eine Kunst machen, die bestimmten Leuten gefiele und bestimmten Leuten wieder nicht, ist ganz kindlich und wird durch kein Beispiel bestätigt.«[20]

Dies ist, nebenbei bemerkt, eine ziemlich entschieden singuläre Position in der Kunst des 20. Jahrhunderts. Und es ist vielleicht nicht unerheblich, dass Hacks sie auf dem Höhepunkt seines Ruhms getroffen hat.

Auch Schirrmacher ist bewusst, dass er da viel vom Leser fordert, mit der Trennung der Politik von der Ästhetik:

> »Es wäre zu viel verlangt, wenn man dazu auffordern würde, Hacks' sozialistische Bannerwerbung beim Lesen auszublenden. Sie ist nun mal da. Aber im Grunde wird die Hacks-Lektüre dadurch erst interessant: wer ihn als ästhetischen Denker, als künstlerisches Obergenie verehrt, muss im Zweifelsfall damit leben, dass der, den er verehrt, ihn selbst, um es milde auszudrücken, verworfen hätte. Lebt man denn, wenn andere leben?, lautet der berühmte Satz dichterischer Konkurrenzeifersucht. Liebt man denn, wenn man gehasst wird – das ist etwas Neues, das ist Hacks und eine Lektion für jene Kritik, die immer noch das Werk des Autors an seinen Überzeugungen misst. Schon werden seine Freunde aufschreien, man könne den einen Hacks nicht ohne den anderen haben, und er wäre der Erste, der mitgeschrien hätte. Er war aber auch der Erste und Letzte, der an der deutschen Klassik demonstriert hat, dass man das eine haben kann, ohne das andere mitnehmen zu müssen. Also sprechen wir ruhig an gegen das Geschrei: er ist unser.«

Starke Worte. »Sozialistische Bannerwerbung« ist eine starke Untertreibung, wenn man den Blick auf »Die Sorgen und die Macht«, »Moritz Tassow«, »Jona«, die »Jetztzeit«-Gedichte, um nur einiges anzuführen, schweifen lässt. Bannerwerbung meint Kolorit. Ist der Sozialismus, wie er zu machen, wie in ihm zu leben sei, nicht zentraler Gegenstand des Werkes? Aber gut, schon Rayk Wieland musste etwas undeutlicher formulieren:

»Mit seiner Kunst unternimmt Hacks die Formulierung einer olympischen Idee der Menschheit. Sein Unterfangen ist, die ästhetischen Errungenschaften der Klassik, unbehelligt von der Apokalypse des Kapitalismus, zu bewahren und in die schon einmal in der DDR kurzzeitig dislozierte Zukunft hinüberzuretten.«[21]

Nun ist eine Eigenschaft von Kunst, um mit Adorno zu sprechen, dass sie inkommensurabel ist. Diese erst ermöglicht die Pluralität ihrer Bedeutungen, ihr weites Interpretationsangebot, andernfalls wäre sie bloße Propaganda.

Schirrmachers Artikel markiert eine neue bürgerliche Position: In den Jahrzehnten zuvor war Hacks – ebenfalls in der FAZ – stets vorgeworfen worden, sich in einem Elfenbeinturm aus klassizistischen Antiquitäten verschanzt zu haben und eben nicht tagespolitische Stellung wider die SED zu beziehen.[22] Heute sollen gerade die politischen Stellungnahmen negiert werden, um einen größtmöglichen Kunstgenuss zu ermöglichen! Die künstlerische Abstraktionsleistung, vormals als bequeme Flucht beklagt, wird nun als unvergänglich, weil zeitlos, gefeiert.

Georg Fülberth bemerkt in der »jungen Welt« die Langeweile des selbstsicheren Siegers der Geschichte:

»Es soll der vollständige Sieg der Konterrevolution gefeiert werden. Ernst Jünger erzählte, wie er im Schützengraben die Kleider eines von ihm getöteten britischen Offiziers anzog. Die römischen Imperatoren führten, wenn sie in der Hauptstadt ihren Triumphzug abhielten, ihre geschlagenen Feinde mit sich. Natürlich wird den Besiegten jeweils ihr Bestes genommen. Von der DDR will man die Kunst des Peter Hacks ohne seine Politik.«[23]

Es bleibt abzuwarten, ob der Artikel Schirrmachers eine gut platzierte Einzelmeinung bleibt oder ob nun wirklich eine bürgerliche Hacks-Rezeption von neuer Qualität stattfindet. Nachdem auch Dietmar Dath eine »Huldigung« an Hacks in der FAZ verfasste,[24] sprach André Thiele in seinem Resümee der Gratulationen von einem »Doppelschlag«[25]. Ich wüsste nicht vieles, was die Herren Schirrmacher und Dath außerhalb des Publikationsortes und der Wahl ihres Gegenstandes vereinte.[26] Liest man Daths Beitrag, meint man, er führe einen kritischen Dialog mit seinem Kollegen Schirrmacher. Schon die ersten Zeilen lauten: »Was ein Dichter glaubt, ist fast egal; aber eben nur fast.«

Diese publikumswirksamen Veröffentlichungen zum Jubiläum könnten gewiss ein Auftakt sein. Zunächst ermöglichen sie, die Klappentexte mit griffigen Zitaten von Journalisten aufzuhübschen, sie verschaffen aber dem Autor Hacks auch endlich die Aufmerksamkeit, die ihm zukommt. Und vielleicht führt allein der Streit um die Hacks-Werke, welcher Menschheitsfraktion sie überhaupt zuzurechnen sind, zu einer produktiven Auseinandersetzung. Weil sie ein genaues Lesen fordern und bequeme Behauptungen und allzu vertraute Zuschreibungen von neuem überprüft werden wollen.

IV.

Bei meiner Darstellung der Hacks-Rezeption habe ich natürlich einiges unterschlagen müssen. Neuere, materialreiche Bände, die uns parallel zur kanonischen Werkausgabe einen Einblick etwa in das Privatleben von Peter Hacks geben. André Müllers »Gespräche mit Hacks« oder die von Rainer Kirsch herausgegebenen Briefe an Kollegen. Beide eröffnen eine ungeahnte Perspektive auf den Mit-Menschen Hacks, der eben kein einsamer, vereinzelter Solipsist war. Desgleichen die Arbeit der Arbeitsstelle Berlinische Dramaturgie, die uns Hacks' Arbeit mit jüngeren Kollegen in der Akademie der Künste anhand der damals erstellten Protokolle zeigt. All diese Publikationen korrigieren das Bild des elitären, wirklichkeitsfremden Eskapisten: Das bloß behauptete Bild des Elfenbeinturmbewohners sollte damit endgültig als inadäquat und diffamierend verabschiedet werden.

Erfreulicherweise kann man konstatieren, dass sich die Bedingungen der Hacks-Rezeption gerade in den letzten Jahren entschieden verbessert haben: Die seit Sommer 2005 verfügbare Peter-Hacks-Internetseite dokumentiert jede noch so knappe Erwähnung des Dichters in den Weiten des WWW.[27] Die Zeitschrift »Argos« publiziert »Mitteilungen zu Leben, Werk und Nachwelt des Dichters Peter Hacks« und fungiert auch als Forum für Debatten. Die Peter-Hacks-Gesellschaft e. V. ist gegründet und veranstaltet u. a. diese Tagung. Der Eulenspiegel Verlag versorgt die Leserschaft zuverlässig mit neuem Stoff. Der Wandel, im Vergleich zu den unselig öden neunziger Jahren, könnte größer nicht sein.

1 So z.B. begründet die Peter-Hacks-Gesellschaft e.V. ihren bundesweiten Jugendtheaterwettbewerb 2008. Die »junge Welt« mag erst ab November 2008 ein »Hacks-Jahr« konstatieren, die zuvor publizierten zahlreichen Artikel zu Hacks werden bis dahin als »zwischen beiden Gedenktagen in loser Folge« erscheinende Beiträge angekündigt.
2 Ursula Heukenkamp: »Eine Sache, die der Weltgeist vorgesehen hat, auf die kann man sich dann auch verlassen.« Peter Hacks und die große Fehde in der DDR-Literatur. Zum 80. Geburtstag. In: Zeitschrift für Germanistik 3/2008, S. 625–633; Ronald Weber: Geschichte eines Missverständnisses. Die Rezeption von Peter Hacks in der BRD bis 1989: In: Argos 3 (2008), S. 119–154. Mittlerweile sind Resümees der Rezeption innerhalb des Hacks-Jahres selbst erschienen. Vgl. André Thiele: Eine erste Hacks-Renaissance. Deutungswirbel und Kultusgelärm um Hacks' 80. Geburtstag. In: Argos 3 (2008), S. 183–214; Georg Fülberth: Ein Dichter für alle. Überraschendes Jubiläum. 2008 jährte sich der Geburtstag des verstorbenen Dichters Peter Hacks zum 80. Mal. Anmerkungen zu einer Renaissance. In: Freitag, 18. Dezember 2008.
3 Ronald Weber: Geschichte eines Missverständnisses, a.a.O., S. 143.
4 Vgl. u.a. Guido Huller: Peter Hacks. Sonderheft. Theater, Film/TV, Funk. München 2003 [Katalog des Drei Masken Verlags]. Das Engagement der aufgezählten Bühnen für Hacks' Werk soll hier nicht geschmälert werden. Es bleibt allerdings bemerkenswert, dass sich kein einziges Theater von bundesweitem Rang in dieser Liste findet.
5 Sigrid Löffler: Molière sucht Louis Quatorze. Der Dramatiker und Essayist Peter Hacks – Eine Nachforschung. In: Süddeutsche Zeitung, 19./20. März 1994, S. 17.
6 Peter Hacks: Unter den Medien schweigen die Musen. In: Ders.: Werke, Bd. 13. Berlin 2003, S. 425–461, hier S. 435. (Zitate und Verweise im Folgenden abgekürzt als HW, mit arabischer Band- und Seitenzahl.)
7 Thomas Neumann: Buch des Monats: Ein deutscher Freiheitskrieg. In: konkret 5/1992, S. 52.
8 Die zwei Bände »Die späten Stücke«, die mit neuen, bisher unbekannten Stücken von Hacks 1999 erschienen, wurden genau einmal (in der konservativen Tageszeitung »Die Welt«) rezensiert. Vgl. Ronald Weber: Peter-Hacks-Bibliographie. Schriften von und zu Peter Hacks 1948 bis 2007. Mainz 2008, S. 176.
9 Peter Hacks an Kurt Gossweiler, Brief vom 30. April 1999. In: Peter Hacks: Am Ende verstehen sie es. Politische Schriften 1988 bis 2003. Nebst dem Briefwechsel mit Kurt Gossweiler 1996 bis 2003. Hrsg. von André Thiele und Johannes Oehme. Berlin 2005, S. 144–147, hier S. 146.

10 So der ursprüngliche Titel ihres Aufsatzes. Heidi Urbahn de Jauregui: Neue Zeitgedichte. In: Dies.: Zwischen den Stühlen. Der Dichter Peter Hacks. Berlin 2006, S. 219–229 [zuerst erschienen unter dem Titel »Unzeitgemäße Zeitgedichte«. In: ndl 48, 6/2000, S. 90–100].

11 Rayk Wieland: Die Kunst der Stunde. Am 28. August starb der Dichter Peter Hacks. Ein Nachruf. In: konkret 10/2003, S. 62 ff.

12 Peter Hacks: Die Gedichte. HW 1/427.

13 Leserbrief. In: an konkret, konkret 8/1998, S. 6.

14 Leserbrief. In: an konkret, konkret 11/1998, S. 6.

15 Joachim Rohloff: Reimpatrouille. In: konkret 1/2000, S. 50.

16 Leserbrief. In: an konkret, konkret 6/1998, S. 6.

17 Rayk Wieland: Unbeängstigt. Anmerkungen zu den Gedichten von Peter Hacks. In: literatur konkret 24 (1999/2000), S. 31.

18 Vgl. Reimpatrouille I & II. In: konkret 1/2000 und konkret 3/2000.

19 Frank Schirrmacher: Er denkt also, wie er will. In: Frankfurter Allgemeine Sonntagszeitung, 9. März 2008, S. 25. Schirrmachers Artikel bildete durch sein frühes Erscheinen – als erster der Jubiläumsartikel zum 80. Geburtstag – auch den Auftakt des Gratulationsreigens. Dies steigerte die Wirkung erheblich.

20 Peter Hacks an Heinar Kipphardt, Brief vom 30. November 1969. In: Peter Hacks / Heinar Kipphardt: Du tust mir wirklich fehlen. Der Briefwechsel zwischen Peter Hacks und Heinar Kipphardt. Hrsg. von Uwe Naumann. Berlin 2004, S. 118.

21 Rayk Wieland: Unbeängstigt, a.a.O., S. 31.

22 Zur Hacks-Rezeption im bürgerlichen Feuilleton (insbesondere der FAZ) vgl. Hermann L. Gremliza: Peter Hacks oder Die Obrigkeit bin ich. In: literatur konkret 16 (1990/91), S. 31 ff.; André Thiele, a.a.O., S. 191 ff.

23 Georg Fülberth: Vorsicht, Hacks! Der Klassiker und die Nachwelt. In: junge Welt, 22. Mai 2008.

24 Dietmar Dath: Ihm war zeit seines Lebens kalt. In: Frankfurter Allgemeine Zeitung, 15. März 2008.

25 André Thiele, a.a.O., S. 190. Thiele glaubt neben der Hacks-Renaissance im bürgerlichen Feuilleton, einen »Hacks-Boykott der Linken« (S. 189) konstatieren zu können. Es ist zwar richtig, dass die Zeitschriften »konkret«, »offensiv« und »RotFuchs« – in denen Hacks zu Lebzeiten publizierte – keine Jubiläumsartikel beisteuerten, allerdings haben die linken Organe »junge Welt« und »Jungle World« zum Geburtstag ausführlich gratuliert. Von einem Boykott kann also nicht die Rede sein.

26 Der Schriftsteller Dietmar Dath ist Marxist, insofern liefert sein Beitrag gewiss keine neue *bürgerliche* Position. Allerdings wurden dem Artikel fast in Gänze die ersten beiden Seiten der FAZ-Beilage »Bilder und Zeiten« zugestanden – das Einräumen dieses prominenten Ortes, der zugestandene Raum, verbunden mit der eindeutig positiven Bewertung des dichterischen Werkes, markieren den Positionswandel der

bürgerlich-konservativen Zeitung zu Hacks. Die Frage bleibt jedoch, ob dies nicht alles auf den Mitherausgeber Schirrmacher zurückgeht, dann aber wäre die neue bürgerliche Position nur die seine.

27 www.peter-hacks.de. Das zugehörige Forum bestand von Herbst 2005 bis März 2009.

BERNADETTE GRUBNER
Tagungsbericht

Das Jubiläumsjahr 2008 verzeichnete eine bisweilen als »Renaissance« apostrophierte steigende Anzahl von Publikationen zu Leben und Werk von Peter Hacks. Auftakt für das neu erwachte Interesse in der bürgerlichen Presse war die – mittlerweile weidlich zitierte und kommentierte – Würdigung der Lyrik von Hacks durch Frank Schirrmacher in der FAZ im März. Schirrmacher sympathisiert darin mit der positiven Bezugnahme auf Formstrenge und Geschlossenheit der klassischen Literatur und sieht die unbequemen Äußerungen des Dichters zu Zeitgeschichte und Politik (»Gemeinheiten«) zuerst als pikante Note, die den Lesenden die Laune nicht verderben möge, dann als lästige, aber vernachlässigbare Schlagseite angesichts der poetischen Schönheit der Lyrik. Hacks' Haltung zu dem Staat, in den er 1955 emigriert war, ist, so scheint's, für die bürgerliche Presse die Gretchenfrage.

Auch die Themenstellung der ersten wissenschaftlichen Peter-Hacks-Tagung, die am 8. November im Berliner Hotel Albrechtshof stattfand, kreiste um diese Frage, stellte sie aber in einen weiteren, Probleme der Kunst aufgreifenden Rahmen. »Staats-Kunst. Der Dramatiker Peter Hacks« lautete der Titel der von der Peter-Hacks-Gesellschaft e.V. ausgerichteten Versammlung. Die im Kompositum angelegte Doppeldeutigkeit fächerte das Spektrum der Vorträge auf. Dominierte hier die Untersuchung des Verhältnisses von Staat und Kunst im Werk von Hacks, befasste man sich dort stärker mit der Frage, welche Äußerungen in seinem literarischen und nichtliterarischen Werk über die Kunst der guten Staatsführung zu finden seien. Mit diesen Themen waren die sieben Vortragenden im dicht gefüllten Bankettsaal befasst (der angekündigte Beitrag von Dr. Frank Stucke entfiel kurzfristig), die vorgebrachten Thesen erfuhren in den jeweils anschließenden Diskussionen eine Vertiefung und Zuspitzung. Die lebhaften Debatten, die sich nach fast jedem Vortrag entsponnen, zeugten vom regen Interesse an Hacks über den Kreis einer eingeschworenen Verehrergemeinschaft hinaus.

Der erste Vortragende, Dr. Gunther Nickel, näherte sich dem Verhältnis von Staat und Kunst bei Hacks über dessen Rezeption des »Torquato Tasso«, die er in den Kontext gängiger Rezeptionslinien stellte und am Goethe'schen Original kritisch überprüfte. Im Unterschied zur Tasso-Sympathie eines Peter Stein hält Hacks im »Tasso«-Essay dafür, dass Antonio als positive Figur des Stückes aufzufassen sei, als tätiger Politiker, aber auch als »Kenner und Kunstfreund«. Tasso vertritt für Hacks hingegen den »ichsüchtigen Kunstmacher, mit dem bei keiner bestgearteten Beschaffenheit des öffentlichen Wesens eine Verständigung möglich wäre«[1].

Im Vergleich von Hacks' Lesart des »Tasso« mit der eigenen Lektüre arbeitete Nickel einen zentralen Kritikpunkt heraus: Hacks übersehe, dass der Konflikt zwischen Tasso und Antonio in Goethes Stück keine Auflösung erfahre. Eine Parteinahme für den einen oder anderen sei in der Interpretation und unter dramaturgischem Gesichtspunkt verfehlt. Die adäquate Lesart würde den gestalteten Widerspruch exponieren (nämlich den zwischen Staatsräson und den Anforderungen der Kunst) und so dem offenen Schluss Rechnung tragen. Hacks' Interpretation orientiere sich weniger am Text denn am eigenen Verständnis des Verhältnisses von Staat und Kunst. Für Nickel postuliert Hacks die strenge Trennung beider Bereiche (indem er sich etwa gegen *revolutionäre* oder *engagierte* Literatur ausspricht) und die Unterordnung der Kunst unter staatliche Belange. Dass die Polarisierung Staatsräson – Kunst im »Tasso« für Hacks nicht trennscharf zwischen Antonio und Tasso verläuft (wie oben zitiert, hält er auch Antonio für einen Kunstliebhaber und -kenner), wurde von Nickel nicht kommentiert.

Der Vortrag schloss mit der allgemeineren Kritik an Hacks' ästhetischen Überlegungen: Der Dichter berufe sich auf überzeitliche Kategorien und setze damit künstlerische Gestaltung als unabhängig von Politik und Produktivkraftentwicklung.

Dr. Kai Köhler kam in seinem Vortrag zum Verhältnis von Kunst und Politik in »Margarete in Aix« zu einem anderen Ergebnis. Indem er die »Dramaturgie der Staatskunst« im Stück aufschlüsselte und mit der Darstellung und Funktion von Kunst konfrontierte, konnte er zeigen, wie Hacks das Verhältnis von gesellschaftlichem Fortschritt und Kunst verarbeitet und reflektiert.

Köhler tat dies in drei Schritten. Zunächst wurden anhand der Figurenkonstellation und Handlungsführung die politischen Parteiungen untersucht, die in der »Margarete« ins Feld geschickt werden. Die Beurteilung der verschiedenen Positionen – des überkommenen Alten (Margarete), des Frühabsolutismus als »Schwundform« der Vernunft (Ludwig) und des realitätsfernen Kunstliebhabers René – fällt unter politischem Gesichtspunkt ambivalent aus; die Lektüre lege keine eindeutige Parteinahme nahe. Im zweiten Schritt wurde die Darstellung der Kunst anhand der Trobadors und des kunstversessenen Königs René betrachtet, mit dem Ergebnis, dass die Kunst im Handlungsverlauf depotenziert werde; sie erweise sich als einfluss- und wirkungslos und lenke René vom Regieren ab.

Erst wenn man beides – die Dramaturgie der Politik und die Funktion der Kunst – aufeinander beziehe, ließe sich, dies der dritte Schritt, Einblick in das Bedingungsverhältnis gewinnen, das zwischen beidem besteht. Politisches Handeln im Sinne des Menschheitsfortschritts sei poetisch nicht konkretisierbar, was Köhler am Beispiel von Ludwig XI. zeigte. Die Schönheit der Vernunft, so wird im Stück reflektiert, ist nur gedanklich *sichtbar*. (Die Kunst, erklärt René Auriane, sei, wenn sie sich aus ätherischen Gefilden zum Boden herablasse, »Am Ende, unten angelangt, nur dem / Noch kenntlich, der Gedanken hat, zu sehn«. Dort »Sieht sie genau aus wie mein Neffe Ludwig«.[2])

Indem umgekehrt die Provence zu einem utopischen Reich der Kunst stilisiert wird, werde deutlich, dass Renés und Margaretes Differenzen nicht in erster Linie politische seien. René verkörpere die Kunst, während Margarete eine reaktionäre Politikerin sei; beide stünden demnach für völlig unterschiedliche Ordnungen. Dieser Kontrast der tätigen Rückschrittsfanatikerin Margarete mit dem passiven, fröhlichen Kunstgenuss Renés motiviere die Handlung.

Köhler versuchte also nicht, Hacks' Staatsbegriff aus dem Text herauszuschälen, sondern analysierte anhand der Darstellung von Politik und Kunst im Drama, wie beide Bereiche zueinander ins Verhältnis gesetzt werden.

Prof. Dr. Volker Riedel konzentrierte sich anschließend auf Hacks' Parteinahme für den Absolutismus als dem Sozialismus vergleichbare historische Gemengelage. Anhand von »Prexaspes« schlüsselte er Hacks' »heterodoxes« Verhältnis zum Sozialismus auf.

Dass im Stück die Frage der guten Staatsführung thematisiert werde, lasse sich bereits an der Stoffwahl nachweisen. Auch bei Herodot werde der Konflikt zwischen der Zentralgewalt und dem Stammesadel geschildert. Hacks habe diesen Stoff dahingehend modifiziert, dass zunächst zwei Staatsmodelle gegeneinander ausgespielt würden: der Gottesstaat der Magier und der frühkapitalistische, demokratisch regierte Staat, der den Händlern zupasskäme. Siegreich sei am Schluss allerdings ein dritter: Darios, der als despotischer Alleinherrscher für die starke Zentralmacht stehe.

Die Stoffwahl sei darüber hinaus vor dem Hintergrund der von Marx in den »Grundrissen der Kritik der politischen Ökonomie« beschriebenen asiatischen Produktionsweise zu lesen (also jener vorkapitalistischen Produktionsweise, in der die Landwirtschaft, insbesondere das Bewässerungssystem, durch eine Bürokratie oder Zentralgewalt kontrolliert wird, wobei es kein Privateigentum an Land und Produktionsmitteln gibt). Insofern stelle sie auch eine Auseinandersetzung mit der marxistisch-leninistischen Geschichtsauffassung dar – in Stalins »Über dialektischen und historischen Materialismus« wird die asiatische Produktionsweise nicht erwähnt. Als möglichen zeithistorischen Bezug für den Themenkomplex der Machtstabilisierung nannte Riedel die Absetzung Antonín Novotnýs während des Prager Frühlings.

Riedel bündelte in seinem äußerst dichten und informativen Vortrag zahlreiche Verweise und Bezüge, um nach Herausarbeitung des positiven Bildes vom Absolutismus bei Hacks Kritik zu üben: Hacks denke in seiner Parallelisierung von Absolutismus und Sozialismus über die Maßen abstrakt. Individuelles Leid sei systematisch ausgeklammert. Dass mit

Darios ein goldenes Zeitalter beginne, wie im Stück angedeutet werde, sei historisch falsch und der erwünschten Analogiebildung geschuldet. Hacks lege ein zu großes Gewicht auf den guten Herrscher, er personalisiere die Geschichte.

Die von Riedel aufgeworfenen Fragen nach der Bedeutung der Partei bzw. des Herrschers im Denken von Hacks wurden von Prof. Dr. Heidi Urbahn de Jauregui in ihrem Streifzug durch das Werk aufgegriffen. Anders als Nickel und Riedel vertrat sie die Position, dass sich Hacks' Staatsdenken mit der Auffassung der marxistischen Klassiker keineswegs im Widerspruch befinde, was sie durch Zitate, meist aus den Schriften Friedrich Engels', untermauerte.

Im Zentrum von Hacks' Werk stehe der Gedanke, dass die wichtigste Funktion des Staates im Ausgleich antagonistischer Kräfte bestehe. Darauf basiere die Parallelisierung, die Hacks zwischen verschiedenen absolutistischen Staatsformen und dem Sozialismus in der DDR vornehme. Problematisch sei dabei, dass Hacks den Begriff der »Klasse« sowohl für vorrevolutionäre gesellschaftliche Verhältnisse als auch für die Parteiungen in der DDR verwendet habe.

Jauregui zeichnete nach, dass Hacks' Staatsverständnis bereits im Frühwerk nachgewiesen werden könne (»Columbus«-Stück) und mit der Ausarbeitung einer klassischen Ästhetik ausformuliert worden sei. Die »Ekbal«-Erzählung interpretierend, erläuterte Jauregui, dass für Hacks die sozialistische Übergangsgesellschaft auf zwei Säulen ruhe, den Parteikadern einerseits und der Wirtschaftselite (Facharbeiter, Spezialisten) andererseits. Zwischen diesen beiden stehe ein starker Herrscher (Ulbricht/Stalin), der als Mittleres jenseits der Widersprüche ausgleiche und vermittle (poetisch veranschaulicht in »Numa«). In dieser Position müsse er sich sowohl gegen Rechts- als auch Linksabweichungen schützen (hier war die »Säuberungs«-Politik Stalins angesprochen). Jauregui nannte als literarische Darstellung dieser Politik Gottes Position gegenüber Gabriel und Satanael in »Adam und Eva« – in diesem verkörpere sich der linke Aufwiegler, in jenem der rechte Dogmatiker.

In der anschließenden Diskussion fanden die Differenzen, die in den bisher gehaltenen Vorträgen zutage getreten waren, eine Zuspitzung.

Wird die personale Machtfrage bei Hacks überbetont und steht dies im Widerspruch zu klassischen marxistischen Positionen? Gibt es einen »ökonomistischen« Hacks, dem ein – späterer – »politizistischer« Hacks gegenüberzustellen wäre? Die kontrovers geführte Diskussion fand im zweiten Teil der Tagung bedauerlicherweise keine Fortsetzung.

Den Nachmittag eröffnete Dr. Ute Baum mit einem Vortrag über »Der Maler des Königs«. Im Hinblick auf das übergreifende Thema »Staats-Kunst« war er wenig ergiebig, vielmehr präsentierte Baum eine genaue Analyse der Figurenkonstellation des Stücks und eine positive Deutung des Schlusses (dass Boucher am Ende um Hilfe beim Tischabräumen bittet, wertete die Vortragende als Zeichen für seine erneute Produktivität als Maler).

Die Frage nach dem Verhältnis von Kunst und Politik wurde durch den Verweis auf Bouchers Enttäuschung über das Königtum mehr angerissen denn gestellt. Die im Stück vorhandenen Hinweise auf den Zusammenhang von künstlerischer Produktion und Staatsführung (z.B. die (Suggestiv-)Frage, die Boucher in den Mund gelegt wird: »Ob Ihnen wohl schon einmal der Gedanke gekommen ist, Herr Fragonard, daß die Kunst in irgendeiner Weise mit der Politik zu tun haben könne?«[3]), fanden keine Erwähnung. Erst in der Diskussion wurde auf Basis von Baums Untersuchung präzisiert, inwiefern in »Der Maler des Königs« die vorbürgerliche, absolutistische Kunst auch die fortschrittlichere ist. Besondere Beachtung fand auch die Stellung von David, speziell die Frage, ob in seiner Darstellung seine spätere Profession als Maler Napoleons vorformuliert sei oder mitgedacht werden müsse.

Prof. Dr. Hans-Jochen Irmer befasste sich anschließend mit drei Stücken aus unterschiedlichen Schaffensperioden des Dichters: dem »Glücksgott«, einem unvollendeten Opernlibretto zur Musik von Paul Dessau, von dem zwischen 1961 und 1963 entstandene Entwürfe und ein erster Akt vorliegen, dem »Geldgott« von 1991, und schließlich dem »Bischof von China« von 1999.

Der »Glücksgott« wurde in erster Linie im Hinblick auf seine Entstehungsgeschichte beleuchtet. Die Analyse fiel vergleichsweise schmal aus:

Der titelgebende Gott sei ein Sozialopportunist, das Glück, das er spende, zunächst inhaltsleer. Erst im revolutionären Kuba würde es sinnvoll gefüllt. Den viel späteren »Geldgott« las Irmer als Komplementärversion zum »Glücksgott«; Pluto sei der Glücksgott des Kapitalismus, das Stück behandle die Privatisierung des Lebens infolge des Rückschritts zur vorrevolutionären Gesellschaft. Irmer maß dem Schlussbild der Komödie zentrale Bedeutung bei. Die im Füllhorn klemmende Fifine stehe für die Menschheit, die in eine – vorübergehende – »Klemme« geraten sei (die Konterrevolution, um mit Hacks zu sprechen). Im »Bischof von China« vertrete Hacks eine ungebrochen stalinistische Position. Der Kaiser verkörpere das Maß und die Mitte, die Opferung von 3000 Christen sind für ihn nur »Erdnüsse«.

Die anschließende Diskussion gab Irmer die Gelegenheit, eine seiner Thesen präziser herauszuarbeiten: Das Thema des »Bischof« sei – wie meistens im Werk von Hacks – die Nachfolgefrage, nebst dem Kampf gegen Kapitalismus und Idealismus. Den »Geldgott« fasste Irmer als Versuch auf, an das aufklärerische Theater in Brecht'scher Manier anzuknüpfen.

Philipp Steglich berichtete abschließend über die Hacks-Rezeption seit 1990. Diese sei Mitte der neunziger Jahre an einen beispiellosen Tiefpunkt gelangt, Hacks habe seit dieser Zeit als Dramatiker praktisch keine Beachtung erfahren. Seine Wirkung nach der »Wende« sei auf Essays und Lyrik beschränkt gewesen. Steglich erwähnte insbesondere den »Jetztzeit«-Zyklus, der zwischen 1998 und 1999 in der Monatszeitschrift »konkret« veröffentlicht wurde. Die politischen Gedichte (»Venus und Stalin«, »Appell« usw.) begriff Steglich als bewusste Provokationen und Überzeichnungen – ein Thema, das in der abendlichen Diskussionsveranstaltung im Literaturforum im Brecht-Haus näher besprochen wurde.

Schließlich wurden in seinem Vortrag kurz die Publikationen im Jubiläumsjahr 2008 umrissen und die neu einsetzende Rezeption von bürgerlicher Seite als Möglichkeit produktiver Auseinandersetzung bewertet.

Mit der Hacks-Tagung wurde nun auch der wissenschaftlichen Beschäftigung mit dem Werk des Dichters eine erste Bresche geschlagen, nachdem sie in den letzten Jahren praktisch inexistent gewesen war. Wenngleich das Anekdotische in Vorträgen und Diskussionen bisweilen überwog, überzeugten die meisten Beiträge durch wissenschaftliche Genauigkeit und originelle Lektüren. Der Dissens, der sich zwischen verschiedenen Vortragenden abzeichnete, betraf in erster Linie Politisches, nämlich Hacks' Haltung zum Absolutismus/Sozialismus und sein Verhältnis zur marxistischen Theorie. Die Spannbreite reichte vom Vorwurf des Zynismus gegenüber den Opfern der stalinistischen Säuberungspolitik (Riedel) über die Kritik, Hacks habe kein Interesse für Produktivkraftentwicklung gezeigt (Nickel), bis hin zur Verteidigung Hacks' unter Bezugnahme auf Engels (Jauregui). Diese divergierenden Meinungen setzten sich in der Einschätzung der Ästhetik fort. Die zentrale Frage war hier, ob Hacks die Kunst von der Politik (und von der Ökonomie) zu trennen suchte oder beide Bereiche im Zusammenhang dachte. Interessant wird es für die Forschung natürlich erst, wenn diese Frage entschieden ist. Wird vorausgesetzt, dass Hacks Politik und Kunst aufeinander bezog – wovon ich ausgehe –, tut sich ein Weg auf, den Germanisten einschlagen könnten, so sie die kontroversen Diskussionen im bürgerlichen Feuilleton durch eine differenziertere Betrachtungsweise begleiten und konterkarieren wollten. Wie sich das Bedingungsverhältnis in Hacks' Dramen darstellt und in seinen Essays reflektiert wird, verdient fraglos eine eingehendere Betrachtung. Ob sich eine solche Herangehensweise im universitären Betrieb durchsetzen kann, wird sich freilich erst zeigen.

Der Tagungsbericht von Bernadette Grubner erschien zuerst in »Argos«. Mitteilungen zu Leben, Werk und Nachwelt des Dichters Peter Hacks, Heft 4, März 2009.

---

1 Peter Hacks: Drei Blicke auf Tasso und ein schielender. In: Ders.: Werke, Bd. 13. Berlin 2003, S. 206–213, hier S. 207 u. 213 f. (Zitate und Verweise im Folgenden abgekürzt als HW, mit arabischer Band- und Seitenzahl.)
2 Ders.: Margarete in Aix. In: HW 4/5–98, hier S. 82.
3 Ders.: Der Maler des Königs. In: HW 7/105–157, hier S. 118.

Staats-Kunst

Der Dramatiker Peter Hacks

Wissenschaftliche Tagung der Peter-Hacks-Gesellschaft

Sonnabend, 8. November

Vorträge

10.00 Kunst versus Politik? Peter Hacks' Lektüre von Goethes »Tasso«
Priv.-Doz. Dr. Gunther Nickel, Darmstadt

10.40 Politik für ein Ende, das ein Anfang ist. Die Dramaturgie der Staatskunst in »Margarete in Aix«
Dr. Kai Köhler, Berlin

11.20 »Prexaspes« oder Hacks' heterodoxes Bekenntnis zum Sozialismus
Prof. Dr. Volker Riedel, Berlin

12.00 Hacks oder die Mitte. Zum Staatsdenken von Peter Hacks
Prof. Dr. Heidi Urbahn de Jauregui, Montpellier

13.15 »Die Binsen« – Ein vorausschauender Abgesang auf die DDR
Dr. Frank Stucke, Berlin

14.00 »Der Maler des Königs«
Dr. Ute Baum, Dresden

15.00 »Der Glücksgott«, der »Geldgott« und »Der Bischof von China«
Prof. Dr. Hans-Jochen Irmer, Berlin

16.00 Hacks-Rezeption seit 1990
Philipp Steglich, Berlin

10.00-16.30 Uhr
Hotel »Albrechtshof«, Albrechtstr. 8, 10117 Berlin

Tagungsgebühr: 10,- Euro, ermäßigt 5,- Euro

Abendveranstaltung:

»Eine Guillotine auf dem Leninplatz. Peter Hacks, Dichter der deutschen Einheit?«

Diskussion mit: Heidi Urbahn de Jauregui, Georg Fülberth, Hermann L. Gremliza, Jochanan Trilse-Finkelstein

Moderation: Rayk Wieland

20 Uhr, Literaturforum im Brechthaus, Chausseestraße 125, 10115 Berlin

Eintritt: 5,-, ermäßigt 3,- Euro (für Teilnehmer der Tagung kostenlos)

Büro Berlin: Neue Grünstr. 18,
10179 Berlin, Tel. 23 80 91 29
kontakt@peter-hacks-gesellschaft.de

Rayk Wieland
Vom gar nicht armen P. H.

Wer teilt gern aus? Wer schenkt gern ein?
Wer schätzt charmante Schweinerein?
Wer pflegt die Kunst des Seitenhiebes
Auf die Kretins des Kunstbetriebes?
Wer ist stets leicht, doch niemals lax?
The one and only Peter Hacks.

Wer sonst besingt die DDR,
Die einem abnahm, zu verreisen?
Wem fällts auch nicht besonders schwer,
Den Mauerbau als Glück zu preisen?
Für wen ist die Zensur ein Klacks?
Für keinen – außer Peter Hacks.

Wie anders jene armen Leuchten,
Die in den feisten Westen fleuchten,
Um dort mit närrischsten Attacken
Dumpf auf der Zone rumzuhacken!
Heut sind sie weinerliche Wracks
Sehr zum Pläsier des Peter Hacks.

Was ist der Mann? Aristokrat?
Ein Bühnengott? Der Antichrist?
Ein zeitgeistresistenter Schrat?
Erotomane? Stalinist?
Agent in Diensten des Geschmacks?
Auf seinen Büchern steht schlicht: Hacks.

Die Welt: sie ist zum Abgewöhnen.
Der Mensch: er lehrt den Menschen Mores.
Das was vom Guten, Wahren, Schönen
Geblieben ist: nur Kokolores.
Die Kunst: Exzeß des Schabernacks.
Wer will das wissen? Peter Hacks.

Sein Ruhm, geschenkt. Denn das Geschreibsel
Der Nachwelt kann ihm schnuppe sein.
Im Nichts ziehn seine Überbleibsel
Sich lässig eine Fluppe rein.
Auf glüht ein Stern in der Galaxis –
Kann sein, daß das die Glut von Hacks is.

Kultur

Gefeiert und

Die junge Peter-Hacks-Gesellschaft übt den

Von Boris Kruse

Berlin. Peter Hacks ist wieder da: In Berlin fand am Sonnabend erstmals eine wissenschaftliche Tagung zum Werk des Dramatikers statt. Hacks war seit den 60er Jahren der erfolgreichste Bühnen-Autor der DDR. Weit über die Grenzen dieses Landes wurden seine Stücke damals gespielt. Von 1976 an jedoch, als Hacks sich hinter die Ausbürgerung Wolf Biermanns gestellt hatte, nahm das Interesse an seinem Werk kontinuierlich ab. Mitte der 90er erinnerte sich kaum noch jemand an den Querdenker, wie Philipp Steglich von der Freien Universität Berlin in einem Vortrag zur Hacks-Rezeption verdeutlichte. Der Dramatiker war mit seiner unbeugsamen Art auch nicht dazu angetan, diesen Zustand zu ändern. Unwirsch beschied er einst: „Ein Land, das Medien hat, braucht keine Zensur." Mit solchen Aussagen muss umgehen können, wer sich ernsthaft mit Peter Hacks beschäftigen will.

Peter Hacks   Foto: dpa

Im Jahr seines 80. Geburts- und fünften Todestages setzt nun ein ungeahnter Rummel um Person und Werk ein. Mit der Wahl des Themas wähnen sich die Veranstalter der Tagung von der Peter-Hacks-Gesellschaft auf der Höhe der Zeit: „Der Staat ist plötzlich wieder in aller Munde,

vergessen

Umgang mit dem schweren Erbe des Dichters

nachdem er in der Vergangenheit bereits abgewickelt werden sollte", so der Vorsitzende, Philipp Dyck. Die Beteiligten begaben sich auf ein schwieriges Feld, ging es doch darum, die politische Dimension eines Autors freizulegen, der, in den Worten der Literaturwissenschaftlerin Heide Urbahn de Jauregui, zwar „die Tyrannis abgelehnt hat, die Alleinherrschaft aber bejaht". Hacks sah aber auch vor, dass dem Theater zunächst eine rein ästhetische Rolle zukommt. Er verwehrte sich dem Gedanken, Politik und Kunstbetrieb miteinander zu vermengen. Damit stand er in der DDR ziemlich einsam da. Schriftstellerkollege Hermann Kant hat sein Urteil über Peter Hacks einst so auf den Punkt gebracht: „Ich teile nicht jede seiner Meinungen, fürchte aber seine Gründe."

Die erst im letzten Jahr gegründete Peter-Hacks-Gesellschaft hat es sich nicht nur zum Ziel gesetzt, die Forschung zu fördern und Publikationen anzuregen, sondern auch Hacks´ Stücke wieder auf die Bühnen zu bringen. Erste Schritte sind bereits eingeleitet, um eine neue Generation für den Dramatiker zu begeistern. Gerade läuft erstmals der Wettbewerb „Schüler spielen Hacks" in der Kooperation vom Theater an der Parkaue Berlin mit dem Drei Masken Verlag.

Auf lange Sicht scheint sich Qualität durchzusetzen, davon jedenfalls ist man im Umfeld der Peter-Hacks-Gesellschaft überzeugt. Vorerst bleibt die Auseinandersetzung einer breiteren literarischen Öffentlichkeit auf große Bühnenwerke und -erfolge wie etwa „Ein Gespräch im Hause Stein über den abwesenden Herrn von Goethe" von 1974 beschränkt. Es gilt aber noch viele Schätze zu heben – Stücke, die noch nie auf einer Bühne zusehen waren.

Derzeit ist zudem die Buchveröffentlichung von Gesprächsprotokollen, die aus Arbeitstagungen in der Akademie der Künste hervorgehen, in Vorbereitung.

Schnabeltier

Eine Tagung der Peter-Hacks-Gesellschaft in Berlin. **Von Arnold Schölzel**

In die Abteilung »Liebesgedichte« im ersten Band der 2003 erschienenen Werkausgabe stellte Peter Hacks (1928–2003) unter dem Titel »1.8.1973« folgende Verse: »Ulbricht leider ist tot und Schluß mit der Staatskunst in Deutschland./Immer mächtiger treibts mich in den Goethe hinein./Zieh jetzt, Freundin, dein Herz nicht zurück. Als letztes sonst bleibt mir./Einzutrimmen die Kunst einer barbarischen Zeit.«

Mit der zweifachen Bedeutung der Vokabel »Staats-Kunst« im Werk des Dichters befaßte sich die erste wissenschaftliche Tagung der im Jahr 2007 gegründeten Peter-Hacks-Gesellschaft am Sonnabend im Berliner Hotel Albrechtshof. Ihr folgte eine Diskussionsrunde unter dem Titel »Eine Guillotine auf dem Leninplatz. Peter Hacks, Dichter der deutschen Einheit?« im völlig überfüllten Brecht-Zentrum. Die Literaturwissenschaftlerin Heidi Urbahn de Jauregui, der Theaterkritiker Jochanaan Trilse-Finkelstein, der Politikwissenschaftler Georg Fülberth und der Publizist Hermann L. Gremliza bestritten den Abend, der Autor Rayk Wieland moderierte. Die Vorlage für den Debattentitel lieferte das Gedicht »Appell« von Peter Hacks, das die Schauspielerin Cox Habbema neben weiteren Hacks-Texten (gemeinsam mit Thomas Keck) vortrug. In dem Gedicht heißt es: »Weil ihr arm seid, müßt ihr spenden./Die ihr unter Brücken gammelt,/Die ihr lehnt an Bahnhofswänden,/Gebt die letzte Mark. Gesammelt/Wird für eine Guillotine./ Also eine Köpfmaschine./ (...) Erstmals zeigte der Erfinder,/Daß er Frankreichs Lob erziele,/Seinen Köpfehobel in der/ Place de l'Hotel de Ville./ (...) Deutschland hat nun zum Ersatz leergeräumt den Leninplatz. (...) Bald aus einem fernen Knarren,/Bildet sich ein Zug von Karren,/ Krause rollt und de Maizière/Vorne vor dem Zuge her./Böhme, Thierse, Schnur und Stolpe/Gysi, Modrow, Klier und Bohley,/Schröder, Ull- und Eppelmann,/ Die Gebrüder Brie und, ärger,/Eheleute Wollenberger./Alle lassen ihren Kopf/ Fallen in den Auffangtopf (...)«.

Der Konstruktion von Staats-Vergangenheit, -Gegenwart und – wie in diesem Gedicht – von -Zukunft im Werk des Autors widmeten sich die Beiträge der Tagung. Seine Beschäftigung mit dem Staat des Sozialismus, mit dessen Aufstieg, Fall und innerer Mechanik, mit den ihn tragenden, ihn häufig bekriegenden Parteien, hatte zeitweise, so ließe sich resümieren, nicht nur obsessive Züge, sie war offenbar universell. Die Obsession war notwendig, denn Hacks war mit diesem Problem ziemlich allein. Seit Lenin war auf der Linken die Staatsfrage selten umfassend gestellt worden. Der russische Revolutionär notierte 1917 in »Staat und Revolution« kurz vor dem Oktober: »Die Frage des Staates gewinnt gegen-

Diskussion über den abwesenden Herrn H. im Hause Brecht: Georg Fülberth, Jochanaan Trilse-Finkelstein, Heidi Urbahn de Jauregui, Rayk Wieland, Hermann L. Gremliza

wärtig besondere Bedeutung sowohl in theoretischer als auch in praktisch-politischer Hinsicht. Der imperialistische Krieg hat den Prozeß der Umwandlung des monopolistischen Kapitalismus in staatsmonopolistischen Kapitalismus außerordentlich beschleunigt.« Und er konstatiert verblüfft: »Die Frage nach dem Verhältnis des Staates zur sozialen Revolution und der sozialen Revolution zum Staat hat die prominentesten Theoretiker und Publizisten der II. Internationale (1889–1914) sehr wenig beschäftigt, ebensowenig wie die Frage der Revolution überhaupt.« Mag sein, daß dies nach 1917 ähnlich war: Irgendein sozialistisch-kommunistischer Staatstheoretiker, bei dem Hacks sich hätte Rat holen können oder geholt hat, wurde jedenfalls auf der Tagung nicht zitiert. Der Dichter, so die Referenten, führte offenbar die Erörterungen auf der Höhe des Begriffs, allerdings angetrieben ausschließlich durch sein Kunstinteresse.

Die philosophisch-ästhetische Erörterung des Staatsproblems, zumal die marxistische, wird in Niedergangszeitaltern wie dem gegenwärtigen notorisch mit politischen Stellungnahmen verwechselt. Die auch am Sonnabend öfter gestellte Frage, wen Hacks mit mesopotamischen Fürsten, russischen Zaren, Ludwig XIV., Bonaparte, Lenin, Stalin und Ulbricht wirklich meinte, hat Unterhaltungswert, auf seiner Ebene bewegt sie sich nicht gerade. Heidi Urbahn de Jauregui stellte in ihrem Referat »Hacks oder die Mitte« als eine der wenigen Vortragenden die Schwierigkeit dessen, womit sich der Denker plagte, in den Vordergrund. Sie hätte, führte sie aus, ihren Text auch »Hacks oder das Schnabeltier« nennen können – in Anlehnung an Äußerungen von Friedrich Engels über das Säugetier, das Eier legt. Begriff und Erscheinung seien ein unendlicher Prozeß, schloß jener daraus, die reine Ausprägung sei selten. Das sei – so de Jauregui – beim sozialistischen Staat nicht anders. Hacks habe sich dafür interessiert, welche gesellschaftlichen Gruppen in einem Staat vom »König« gegeneinander ausgespielt und in Schach gehalten werden mußten. Der Dichter habe jeden sozialistischen Politiker gelobt, der keine Flügelkämpfe zugelassen habe.

Hacks interessierte sich nicht für den imperialistischen Staat, die Frage schien ihm offenbar – siehe Lenin – erledigt. Er interessierte sich kaum für den faschistischen Juristen Carl Schmitt (»Der Führer schöpft das Recht«), mit dem er auf der Tagung verglichen wurde, und noch weniger für das, was als parlamentarisches System figuriert und daß sich als besonders effektiv bei Armuts- und Kriegsherbeiführung erwiesen hat.

Die Insinuation wird im Liberalismus selbstverständlich schnell zur Infamie. Am Abend wurde – die Woche der Antisemitismus-Erklärung des CSU-Bundestagsabgeordneten Hans-Peter Uhl komplettierend – u.a. die Frage erörtert, ob Hacks etwa Antisemit gewesen sei. Es gebe da eine »Leerstelle« bei ihm zum »Holocaust«, wie die in Westdeutschland gebräuchliche Vokabel nach einer US-Fernsehserie lautet. Nein, nein, Hacks sei keiner, erklärte konkret-Herausgeber Gremliza, obwohl sein Autor in der Mossad-Verbindung gezogen habe und es merkwürdige Passagen in dessen Briefwechsel mit Kurt Gossweiler gebe. Im Umfeld von Hacks seien Leute, bei denen man sich nicht sicher sein könne. So waren Staatsfrage, Hacks und »deutsche Einheit« schließlich zusammengebracht. Auf den bundesdeutschen Nenner. War da was mit DDR, Hacks-Übersiedlung und seinem Publikum dort? Eher am Rande. Die Materialien der Tagung werden publiziert.

Dichter für alle

Die erste Tagung der Peter-Hacks-Gesellschaft

Hatte die klandestin erfolgte Gründung der in Brandenburg ansässigen Peter-Hacks-Gesellschaft e.V. im Dezember 2007 noch den Verdacht provoziert, dass statt einer nationalen und offenen eine kleindeutsche und exklusive Hacks-Rezeption betrieben werden sollte, so sind die Kritiker nun widerlegt, denn in Berlin hat am Wochenende die erste wissenschaftliche Peter-Hacks-Tagung stattgefunden. Das Thema „Staats-Kunst" hatte zunächst Anlass zur Sorge gegeben, dass Hacks auf seine „Staatsdichter"-Obsession festgelegt werden würde. Die Wahl der sechs Referenten und der Moderation bewies aber eine glückliche Hand der Veranstalter, und das gleichermaßen kompetente wie diskussionsfreudige Publikum, das in der Lage war, jedem Referenten spontan den Vortrag vertiefende und präzisierende Fragen zu stellen, ließ keine falsche Harmonie aufkommen.

Gleich der erste Vortrag zeigte, dass es Hacks keinem seiner Verehrer leichtgemacht hat. Anhand des Essays von Hacks zu Goethes „Tasso" exponierte Gunther Nickel die Konsequenzen der Grundthese eines „Primat des Staates". Hacks habe den im Stück ungelösten Konflikt zwischen Tasso und Antonio einseitig zuungunsten Tassos aufgelöst, um Antonio zum staatsnahen Helden machen zu können. Der Etatismus sei im Tasso-Essay überall als grundlegendes Prinzip auch gegen Goethes tatsächliche Konzeption durchgesetzt worden. Hacks als scharfer Feind des Regietheaters habe mit den Mitteln des Essays sozusagen Regie-Theoriebildung betrieben. Nickel wusste seine These, dass es eine Affinität der staatstheoretischen Positionen von Hacks und Carl Schmitt gebe, in der anschließenden lebhaften Diskussion überzeugend zu verteidigen.

Kai Köhler fasste das Stück „Margarete in Aix" als „Komödie über die Kunst", worin der selbstbewusste Künstler Hacks die Wirkungslosigkeit der Kunst im historischen Kontext vorführe und sie mit der eitlen Selbsttäuschung der Künstler illustriere. Das Theater bringe zur Anschauung; der Dramatiker Hacks aber zeige, dass der Fortschritt nicht unbedingt sinnlich wahrnehmbar sei, sondern begrifflich erfasst werden müsse. Offen blieb, ob Hacks den Fortschritt insgesamt für nicht bühnentauglich hielt, was einen neuen Blick auf seine „Wendung zur Klassik" Anfang der sechziger Jahre erlauben würde.

Volker Riedel sprach über des Dichters heterodoxes Bekenntnis zur DDR. Er fokussierte das Kernproblem aller absolutistischer Herrschaft, die Zufälligkeit des Machtübergangs, am Beispiel des Sturzes von Ulbricht 1971 und problematisierte die Sympathien von Hacks mit der asiatischen Produktionsweise, die unübersehbare Ähnlichkeiten mit der UdSSR habe. Heidi Urbahn de Jauregui parallelisierte brillant Sozialismus und Absolutismus bei Hacks. Dessen Klassenbegriff sei nicht unbedingt mit dem von Marx kongruent. Besondere Aufmerksamkeit widmete sie der Frage, wie der Absolutismus respektive der Sozialismus, den Hacks im Staate Ulbrichts mit der Konfrontation von Parteiapparat und Wirtschaftsleuten realisiert sah, hergestellt werde: Durch permanentes und waghalsiges Ausgleichen von „Egoismus und Einsicht".

Auch die anderen Vorträge überzeugten. Wenn es der Hacks-Gesellschaft gelingt, Niveau und Vielfalt dieser ersten Konferenz beizubehalten, kann die jährliche Tagung zu einer allseitig anerkannten Institution der Hacks-Rezeption werden. Die Frage „Peter Hacks, Dichter der deutschen Einheit?" schien in der Podiumsdiskussion des Abends mit einem erfreulich kurzen Nein! beantwortbar. Die Mühen des Podiums, argumentative Reibungspunkte zu finden, erlaubten dem Besucher einen langen Blick ins Publikum des völlig überfüllten Saales: Es saßen DDR-Staatsminister a. D. neben Manager, Chefredakteur neben Filmstar, Professor neben Dropout, Dichter neben Comedian. Beim Vortrag von Hacksschen Stalin-Schmonzetten klatschten viele, erfreulich viele klatschten nicht. Am Ende stiegen manche in einen Sportwagen mit Münchner Nummernschild, andere in die Straßenbahn gen Pankow. Peter Hacks, Dichter der deutschen Einheit? Auf eine unnachahmliche, fast Hackssche Weise: Ja! ANDRÉ THIELE

Das

Unser Staatskünstler Peter Hacks: Über die

Von Ulrike Baureithel

Wenn die Dichter tot sind, kommt die Zeit der Witwen. Es beginnt aber auch die Ära der Verwalter, die das Erbe eifersüchtig hüten oder Nachruhm in Geheimgesellschaften erzeugen. Im Fall des Dramatikers Peter Hacks muss man Letzteres befürchten. Denn ihn, der seine Marginalisierung nach der Wende mit kompromissloser Anhänglichkeit an die abgedankte DDR betrieb, offen zu verteidigen, schien lange ein Unding. Seine Renaissance in Ost und West hat das nicht aufgehalten – auch jenseits der eingeschworenen altlinken Verteidigungsgemeinschaft, die sich an seinem aristokratischen Geist aufrich-

tet. Seit fünf Jahren liegt im Eulenspiegel Verlag eine 15-bändige Gesamtausgabe vor, und besonders glühende Verehrer können sich auf der vom Mainzer André-Thiele-Verlag betriebenen Website www.peter-hacks.de mit einer Bronzebüste des Meisters versorgen.

Die vor einem Jahr gegründete Peter-Hacks-Gesellschaft, die am Wochenende mit ihrer ersten Tagung in Berlin gleich ein doppeltes Jubiläum ihres 1928 geborenen und 2003 verstorbenen Patrons feiern konnte, ging mit diskursiver Offenheit bis an die Grenze des Denkbaren. Wie weit, musste man sich gleich zu Beginn der Veranstaltung mit dem doppeldeutigen Titel „Staats-Kunst" fragen, wäre Hacks in seinem unbedingten Einverständnis mit dem Staat eigentlich gegangen? Hätte er die Staatsräson – auch die eines faschistischen Staates – gegen Angriffe verteidigt und den Primat des Staates, wie es die Lesart des Darmstädter Literaturwissenschaftlers Gunther Nickel nahelegte, bis zu dem Punkt getrieben, an dem er auf das politische Gleis eines Carl Schmitt geraten wäre?

Solche Spekulationen werden erschwert durch die Biografie, denn Peter Hacks war überzeugter Kommunist und als solcher 1955 von München nach Ostberlin übergesiedelt. Früh entzog sich Hacks der „Armut naiver Parteilichkeit", zu der die offizielle Literaturpolitik der DDR ab 1958 ihre Schriftsteller zwang – und Hacks zur mehrfachen Umarbeitung

Das Gras, die Bäume, die Wörter. *Peter Hacks*

seines Stücks „Die Sorge und die Macht". Dass er sich „nicht tief genug gebückt hatte", um „sein Ohr ans Herz des Volkes zu legen", brachte ihn damals in Konfrontation mit eben jenen DDR-Kulturfunktionären, die er bei der Biermann-Ausweisung 1976 verteidigen sollte.

Den „Kumpel" wollte Peter Hacks, der von einem „höheren Standpunkt" aus schrieb, überhaupt nicht bedichten. „Volk stört auf der Bühne", zitiert ihn die Biografin Heidi Urbahn de Jauregui, die Peter Hacks schon als Doktorandin kennengelernt und nur „über ihn oder keinen" hatte schreiben wollen. Die postrevolutionäre Situation, in der sich Hacks in der DDR wähnte, erforderte seiner Ansicht nach eine Darstellung der Wirklichkeit, die über ihr Abbild und den verordneten sozialistischen Realismus hinausging: „Die Differenz zwischen der Wirklichkeit und ihrer künstlerischen Reproduktion ist die Stelle, wo Form stattfand, und die Form ist die Wohnung der Seele des Künstlers ... das hauptsächliche Politikum", schreibt er 1963. Diese Form fand Hacks in der Klassik, bei Goethe vorab,

Volk stört nur

seltsame Renaissance eines kommunistischen Dichters in Ost und West

im Garten seines Großmachnower Hauses (1998). Foto: Ullstein Bild/Andree

sein Vorbild in vieler Hinsicht. Die Aufgabe des postrevolutionären Dichters sei nicht Revolution, auch nicht revolutionäre Kunst, sondern die „Idee der Totalität". Goethe und Georg Lukács im Gepäck, trat Hacks entschieden an gegen die kunstgewerblichen Tröstungen im grauen Alltag der DDR.

In seiner zum Programm erhobenen „sozialistischen Klassik" spielt er das Verhältnis von Staat und Kunst und des Künstlers zum Staat durch: Staats-Kunst ist Machterhaltung unter sozialistischem Vorzeichen; Staats-Kunst die Ermöglichung von autonomer Kunst im Staat, denn ohne Staat, das exemplifiziert Hacks in seinem Schlüsselstück „Margarete in Aix", keine Kunst. Dafür schuldet der Künstler Loyalität, er darf den Staat nicht schwächen.

„Um in einem heilen Ganzen zu leben, ist keinem Künstler der Preis zu hoch", zitiert die Germanistin Ute Baum das an Goethe gemahnende Dichtergeständnis. Der absolute Staat - und über den Umweg des Historienstücks dekliniert Peter Hacks die Entwicklungsgeschichte des sozialistischen Menschen - sichert die Kräftebalance zwischen den Gruppen. Er soll verhindern, dass sie sich gegen den „König", ob nun Ludwig XI. oder Ulbricht mit Namen, in der Phase des Ausnahmezustands - der Diktatur des Proletariats - verbünden.

Dass sich dieses Politik- und Staatsverständnis, gründlich gereinigt von seinen sozialistischen Voraussetzungen, und insbesondere Hacks' Auffassung von autonomer Kunst als kompatibel erweisen, lässt sich seit kurzem an Hacks' bürgerlicher Einverleibung studieren. Zu seinen Bewunderern zählt der sich selbst in klassischen Gefilden wähnende und linker Sympathien garantiert unverdächtige Büchner-Preisträger Martin Mosebach. Und anlässlich von Hacks' 80. Geburtstag am 21. März 2008 hatte Frank Schirrmacher den Lyriker in der „FAZ" nobilitiert und das „künstlerische Obergenie", das Gedichte wie „Beeilt euch ihr Stunden" hervorgebracht habe, gegen den Fabrikanten „sozialistischer Bannerwerbung" und „politischer Gemeinheiten" verteidigt. Am Ende proklamierte Schirrmacher emphatisch: „Er ist unser."

Dietmar Dath, jahrelang der Edellinke der „FAZ", sekundierte kurz darauf und brachte eine verräterische Figur ins Spiel: Hacksens Sentenzen, Distichen, Alexandriner, Sonette, seine Klein- und Großformen, seien „haltbare Gefäße für Gedanken, die das Unendliche vom Endlichen aus denken wollen". Wie schon Goethe männliche Idealität in weibliche „Gefäße" fassen wollte, ist die wehrlose Form des Peter Hacks nun das Gefäß, in dem ein „klassizistisch" gestimmtes Feuilleton seine Ressentiments nicht nur gegenüber der Linken, sondern auch in Hinblick auf den „herrschenden Theaterpöbel" (Dath) sammelt.

Den Affekt gegen das Regietheater würde es mit Hacks und vielen seiner Anhänger, die sich zu einer abendlichen Debattierunde im überfüllten Brechthaus trafen, teilen. Die Freude über den obsiegenden Kapitalismus wohl kaum. In Hacks Gedichten nach 1990, die er mangels anderer Publikationsmöglichkeiten fast nur noch in „Konkret" veröffentlichte, habe sich, so der Marburger Politologe Georg Fülberth, die Enttäuschung und Verbitterung über eine DDR-Führung eingeschrieben, die das „Gleichgewicht der Kräfte" nicht habe garantieren können. Ob allerdings die nach 1990 entstandenen irritierenden Stalin-Hymnen nur aus dieser Desillusionierung heraus zu verstehen sind oder doch auf Haltung und Werk von Peter Hacks verweisen?

Auf das Schicksal dieses Werkes und die politische Zukunft angesprochen, weicht „Konkret"-Herausgeber Hermann Gremliza in das Gleichnis aus: Hacks gehöre zu jenen Dichtern, die nachts um halb eins die Straßenbahn verpasst haben und morgens um neun noch immer an der Haltestelle stehen und freudig rufen: „Sie kommt!"

Vielleicht gesellt sich dort irgendwann der soeben von der Humboldt-Universität zum Doktor philosophiae honoris causa geadelte Kollege Wolf Biermann dazu, dem Hacks bei seiner Ausweisung 1976 hinterhergerufen hatte, er möge in Heinrich Bölls Bett nicht von Solschenizyns Läusen gebissen werden. „Es ist", könnte Hacks sich selbst zitierend trösten, „die Zeit, die die Dinge ändert, nicht der Mensch."

Für die freundliche Genehmigung zum Abdruck
der Medienbeiträge Dank an

– Märkische Oderzeitung, 10. November 2008, Boris Kruse
– junge Welt, 10. November 2008, Arnold Schölzel
– Frankfurter Allgemeine Zeitung, 11. November 2008, André Thiele
© Alle Rechte vorbehalten. Frankfurter Allgemeine Zeitung GmbH,
Frankfurt. Zur Verfügung gestellt vom Frankfurter Allgemeine Archiv
– Tagesspiegel, 11. November 2008, Ulrike Baureithel

Bibliographische Information der Deutschen Nationalbibliothek
Die Deutsche Nationalbibliothek verzeichnet diese Publikation in der
Deutschen Nationalbibliographie; detaillierte bibliographische Daten sind
im Internet über *http://dnb.d-nb.de* abrufbar.

ISBN 978-3-359-02500-9

© 2009 Aurora Verlag, Berlin
Umschlaggestaltung: Buchgut, Berlin mit Andreas Töpfer
Druck und Bindung: CPI Moravia Books GmbH

Ein Verlagsverzeichnis schicken wir Ihnen gern:
Eulenspiegel • Das Neue Berlin Verlagsgesellschaft mbH & Co. KG
Neue Grünstr. 18, 10179 Berlin

Die Bücher des Aurora Verlags erscheinen
in der Eulenspiegel Verlagsgruppe.

www.aurora-verlag-berlin.de